普惠金融导向下的
区块链征信体系研究

彭祥云　吴桢睿　著

WUHAN UNIVERSITY PRESS
武汉大学出版社

图书在版编目(CIP)数据

普惠金融导向下的区块链征信体系研究/彭祥云,吴桢睿著.—武汉：武汉大学出版社,2018.8
ISBN 978-7-307-20365-5

Ⅰ.普… Ⅱ.①彭… ②吴… Ⅲ.信用制度—研究—中国
Ⅳ.F832.4

中国版本图书馆 CIP 数据核字(2018)第 162405 号

责任编辑:聂勇军　　　　责任校对:汪欣怡　　　　版式设计:汪冰滢

出版发行:**武汉大学出版社**　　(430072　武昌　珞珈山)
　　　　(电子邮件:cbs22@whu.edu.cn　网址:www.wdp.com.cn)
印刷:武汉中科兴业印务有限公司
开本:720×1000　1/16　印张:12.25　　字数:174 千字　　插页:1
版次:2018 年 8 月第 1 版　　2018 年 8 月第 1 次印刷
ISBN 978-7-307-20365-5　　定价:35.00 元

序　言

  普惠金融符合国际社会经济金融发展需求，是国家金融体系中的重要议题，同时也是各级金融机构服务规模及效率提升的难点和痛点。小微企业、农民、城镇低收入人群、贫困人群等弱势群体为普惠金融的重点服务对象，而上述弱势群体由于信用体系不健全、金融机构获取其信用信息的来源有限、征信信息不对称、信息记录不规范等原因导致该类人群金融资源的可获得性差。因此，建立健全普惠金融信用信息体系，降低普惠金融服务对象的征信成本有利于提高金融机构运行效率和服务质量，促进金融资源的均衡分布。

  近几年兴起的区块链技术，其去中心化、分布式记账、共识机制、加密算法等多重优点能够有效实现经济主体交易信息的正确有效记录，打破以往传统征信信息获取方式所形成的信息孤岛，从而有助于搭建统一的征信平台，实现信息共享。

  初次看到彭祥云、吴桢睿所著的《普惠金融导向下的区块链征信体系研究》时，我的眼前为之一亮，利用普惠金融视角，对普惠金融服务对象的征信进行深入研究，基于制度经济学和产权理论提出信用信息确权理念以及区块链信息确权实现路径，扩展的产权理论应用和实现范围，有助于打破信息孤岛，建立统一的征信平台，为信用信息共享系统提供了现实基础和理论前提；以区块链技术应用于个人征信为突破点，深入探究了现阶段金融服务尤其是普惠金融服务中信用体系构建的效率及质量所存在的问题及解决的方法，我认为这是非常值得认可的。

  本书能够从征信体系创新式构建这个切入点深入分析研究，也是迎合了时代的要求。全书通过理论研究、比较研究、实证研究，对比国内外实际，提出区块链技术应用于个人征信的可能性，开拓了思维，拓展了空间。

　　能够有幸受邀为本书作序，我深感荣幸。对于作者在撰写中所付出的努力及心血也表示深深的认可与赞赏。这本书存在的意义不光是作者在日常工作研究中的成果结晶，同时也是作者为金融领域、经济领域作出的一点贡献，更是作者对于自身所研究领域的一种执着与追求。我更希望，我的序言能够为本书锦上添花，能有更多的人读到它，读懂它。

吴庆艳

(广东药科大学医药经济学院，
系主任，副教授，经济学博士)

前　言

改革开放以来，中国迅速发展的经济令全球瞩目。中国经济在亚洲金融危机和全球性的次贷危机中都显现出强大韧性，大多数年份都实现了两位数的经济增速。虽然中国早已成为经济总量全球排名第二的国家，但由于市场机制不完善导致经济结构、产业结构和发展方式都存在严重失衡问题。2013 年，党的十八届三中全会通过了《中共中央关于全面深化改革若干重大问题的决定》，并指出：经济体制改革的核心问题是处理好政府和市场的关系，使市场在资源配置中起决定性作用和更好地发挥政府作用。市场在资源配置中的核心地位在全党和全国范围内成为广泛共识，我国市场经济的发展迎来新的机遇。经济发展新常态背景下，深化市场经济发展将促进我国经济结构不断优化升级，促进我国经济发展方式从要素驱动、投资驱动向创新驱动的转型，通过提质增效改善国民生活质量，提升国民的"获得感"。

市场经济以信用为基本准则，中国征信系统不完善、信用体系不健全问题逐渐成为阻碍市场经济发展的主要问题，而作为金融基础设施，其抑制了从金融深化到金融发展，再从金融发展到经济增长的传导机制。2015 年，国务院在印发的《推进普惠金融发展规划（2016—2020年）》中指出要立足机会平等要求和商业可持续原则，以可负担的成本为有金融服务需求的社会各阶层和群体提供适当、有效的金融服务；建立健全普惠金融信用信息体系，降低普惠金融服务对象的征信成本有利于提高金融机构运行效率和服务质量，有助于改善普惠金融发展环境，促进金融资源均衡分布。现实中，公共征信占主导地位，市场征信尚未形成能有效补充公共征信漏损群体的规模；企业征信发展相对成熟，个人征信业务有待改善；征信技术水平亟待升级，机构运营成本居高不下；面向高信用群体的征信有一定的经验，面向低信用群体的征信有效性不足，导致中国金融规模虽然增长迅速，但普惠金融供给缺口日益增大。征信体系是现代金融系统的基石，普惠金融的发展需要一个高效低成本的征信系统进行信息支持，以缓解信用不对称、逆向选择、过度借贷和隐私泄露等问题，市场经济的发展也需要化解征信体系发展远远落后于信用经济和金融业的发展，征信体系对失信行为约束力不足、防范效果不理想，以及民营个人征信机构不规范与个人征信市场高需求等深层次的矛盾。

　　本书在数字普惠金融的视角下，以个人征信为研究对象，讨论区块链技术在征信中的应用，构建区块链征信系统，分析能否通过技术创新打破传统征信模式中征信有效性不足、覆盖范围狭窄的约束。研究发现，我国个人征信无论是正规征信体系还是基于网络借贷等互联网金融机构的互联网征信都不能满足普惠金融发展的需要。通过理论和技术分析，区块链征信系统将改善现有征信体系效率，促进普惠金融的发展。

　　第一，区块链征信将有助于优化征信信息质量。根据共识机制，可构建区块链数据认证的系统，信息得到多个部门的认同才能被录入征信系统。试图以伪造个人基本信息和资产所有权的方式增加个人资产和提高信用水平在区块链认证系统中将无法通过审核。第二，区块链征信将有助于丰富征信信息维度。征信系统记录的信用信息真实性和丰富度增加将提高信用评价准确性。通过信息认证的技术和方式将能够在保证信息质量的前提下，有助于提高信息丰富度，从多维角度评价目标对象信用水平，数据确权与资产数字化进一步将过去沉睡的资产转化为可计算的信用信息指标。第三，区块链征信将有助于实现信用信息共享。征信的核心作用是建立信用信息共享机制以减少信息不对称来辅助金融机构了解资金需求者的信用状况。区块链征信将收录的信用信息存储到区块上，并向全网发送广播，实现信息共享。个体与机构之间、征信机构之间、征信机构与金融机构之间的信息共享对普惠金融发展意义深远，信息共享深度和广度的增加将在更大范围内提高金融可获得性，减少过度负债、降低信用风险。第四，区块链征信将有助于提高系统信息保护能力。信息共享和个人信息保护构成解决金融市场信息不对称问题和发展信息经济理论的一组矛盾，个人和机构也常常面临这组矛盾的权衡与选择，信息保护能力不到位也是民营征信机构风险高的重要因素，而区块链征信能有效解决这组矛盾。第五，区块链征信将有助于改善传统信用风险管理。一方面，信用信息质量、信息维度都得到优化后，结合大数据技术可对信用风险模型进行升级调整；另一方面，征信的一体化有助于金融机构节省大量风险管理费用，从而降低整个金融体系的运行成本。

目　录

第1章 绪　　论

1.1　研究背景与意义

1.1.1　研究背景

征信体系是现代金融系统的基石，是推动中国乃至全球市场经济发展的基本力量。在自然经济时代，社会中的信用交易频率和规模比较低，信用风险的发生对整个经济影响有限。随着经济不断发展，从个人信用消费、企业投资与融资，再到财政资金、国际收支盈余和赤字，信用交易日益频繁，规模迅速扩张，渗透到经济生活的方方面面。由债权和债务组成的信用关系逐渐覆盖至全部经济活动，信用关系无所不在，相互交织，形成现代的信用经济（黄达，2003）。正因为信用经济时代信用关系涉及之广，信用行为贯穿之深，信用链条环环相扣，加之信息技术极大地加速了信息传播速度，金融创新进一步深化了经济联系的复杂性，导致失信对金融系统的稳定和经济发展的危害无限放大，任何环节出现失信都有可能引起连锁反应，甚至导致经济危机。征信体系的建立、发展征信业务、优化征信模式对保证信用交易规范运行，增强金融机构对客户深度了解，化解信息不对称和信用风险问题具有重要作用。一个完善的征信体系不仅可以减少经济活动中的失信行为，大幅降低因失信造成的金融不稳定以及社会问题，同时，完善征信体系、发挥征信基础功能也是推动普惠金融发展的必要条件。

2015 年，国务院在印发的《推进普惠金融发展规划（2016—2020年）》（以下简称《规划》）通知中对"普惠金融"进行了界定，即立足机会平等要求和商业可持续原则，以可负担的成本为有金融服务需求的社会各阶层和群体提供适当、有效的金融服务，并指出建立健全普惠金融信用信息体系，降低普惠金融服务对象的征信成本有利于提高金融机构运行效率和服务质量，有助于改善普惠金融发展环境，促进金融资源均衡分布。互联网金融企业等新型金融组织缓解了普遍存在的融资约束，金融服务可获得性得以增加，金融机构利用信息技术进行金融创新也加快了普惠金融的发展。

然而，征信体系体制不健全制约着金融服务提供方的风险评价与风险控制能力，普惠金融面临着大量的不确定性和信用风险。首先，征信体系发展远远落后于信用经济和金融业的发展。自党的十一届三中全会以来，经济体制改革深入推进，市场在经济发展中的地位不断得到提升，商业借贷活动日益普遍，民间借贷开始走向阳光化，大一统的金融机构系统也在金融改革中逐渐向市场化迈进，实现了政策金融与商业金融业务的分离。信用交易和金融业在市场经济确立后迅速扩张，在过去的 30 多年中为整个社会创造出巨大财富。长期以来，征信在经济发展中并未受到足够重视，随着信用风险扩大、风险危害性增强以及国际金融危机愈加频繁，如何完善征信体系以防范信用风险、抵抗宏观经济波动开始提上议程。2004—2006 年，中国人民银行组织各商业银行建成了征信系统并实现全国联网，但直到 2013 年《征信业管理条例》（以下简称《条例》）正式通过，才明确了央行征信系统是国家金融信用信息基础数据库的定位。其次，征信体系对失信行为约束力不足，防范效应不理想。一方面国有企业改革尚未完成，约束效力不强的征信体系对国有企业来说更类似形式主义，部分国有企业在预算软约束机制中利用资金效率过低，风险意识不强，造成大量金融资源的浪费和风险积累；另一方面，对于民营企业和个人来说，信用信息记录不全面导致失信成本降低，一些提供金融服务的非正规金融没有接入央行征信系统，信息不对称加大了过度负债、融资还贷等行为信用风险；此外，第三方民间征信机构日常经营不符合标准，征信业对个人信息保护意识淡薄，甚至某些机构以征信的名义进行个人信息贩卖，严重扰乱征信市场化的有序发展。最后，没有建立以普惠金融为导向的征信体系。《规划》指出，小微企业、农民、城镇低收入人群、贫困人群和残疾人、老年人等特殊群体是当前普惠金融重点服务对象。现有征信模式向弱势群体提供的征信服务有限，征信业务覆盖面狭窄、征信产品单一、征信方式相对落后，金融机构利用有限信用信息无法对还款能力较低但有还款意愿的群体进行信用识别，从而限制了金融资源的可获得性。普惠金融的本质仍然是金融，离开了征信和信用信息的积累，将直接增加普惠金融发展过程中的风险。

可见，中国征信体系对发挥金融功能的支持作用明显不足。征信效率较低且效果不显著，不仅存在市场结构性缺陷，也含有技术方法上的不足。传统金融机构对高风险客户进行精确信用评价和控制风险能力欠缺，是其倾向于选择为少数高信用者提供金融服务以降低信用风险的根源，这使得其他弱势群体最基本的金融需求也得不到满足，形成金融排斥。互联网金融既存在服务方式的普惠性，也包含交易过程的风险性，互联网金融的普惠程度取决于在多大程度上可以弱化中心、减少操作环节来降低服务成本，而互联网金融的生存与发展取决于风险是否可控。近年来，中国互联网金融平台越来越偏离点对点和去中心化的运行模式，通过引入第三方机构增加了运行成本，一些互联网金融平台实际仍然在做传统金融业务，也有许多平台在监管缺失的情况下开展监管套利行为，具有短期化特征。在利率市场化背景下，某些金融机构为牟取利润通过与互联网金融平台共谋开展银行业范围之外的违规业务。互联网借贷与融资中资金端与资产端在线上存在更大的信息不对称和不确定性，道德风险等激励问题更为严重，互联网金融平台运作、互联网金融产品与服务亟须制定有效监管方案以提升风险控制水平。征信体系对金融系统良好运行和经济发展有不可替代的支撑作用，是构建信用经济的基础，如何引导金融机构共同构建高效的信用评价系统，规范互联网金融运营模式与征信体系信息融通，以及如何通过征信体系创新降低整个金融业发展成本与信用风险来推动经济增长和平衡发展，面临的这些问题迫切需要得到有效解决。

本书提出以区块链（blockchain）技术为主，结合其他信息技术突破现有征信体系存在的矛盾，更好地发挥征信对信用交易和金融系统的基础作用，推动金融服务的普惠性。自2014年以来，区块链技术开始受到社会各界广泛关注，国际管理咨询公司麦肯锡认为区块链技术是继蒸汽机、电力、计算机和互联网之后，最有可能再次触发科技革命的核心技术。2016年，区块链技术被列入《"十三五"国家信息化规划体系》，区块链技术的战略地位得以强化。区块链技术及其背后的去中心化思想和共识机制通过改善信息收集、数据确权、信息认证、信用评价、信用信息共享等环节优化征信方式与信用识别准确度，进一步在防范信用风险的基础上减少金融机构运行成本、增强金融服务可获得性，推动金融的数字化、普惠化。

1.1.2 研究意义

1. 有效缓解信息不对称所产生的各种信用问题

在信息经济学的理论框架下，信息不对称增加了经济和金融交易双方的搜寻成本、监督成本和信用成本，征信服务是为了缓解信息不对称，但征信本身也存在信息失真、信息不全面和规范性问题，征信模式限制了征信体系的覆盖范围。互联网在一定程度上加快了信息传输速度，但也充斥着大量信息噪声干扰正常交易秩序，区块链技术则可进一步打破信息不对称，构建价值互联网和推动征信体系创新。区块链技术一方面可简化传统金融业务操作环节，为互联网金融运行的安全性提供了可能；另一方面，区块链征信能够更准确地识别信用风险，金融机构与征信系统实现联网共享信用信息能更好地控制风险，金融服务将惠及更广泛的群体，长期以来被排斥在金融体系之外的人将享受到相应金融服务和产品。传统征信体系中的信用评价模型在识别风险方面未能充分利用现有信息，建立在数学公式基础上的信用评价模型也难以保证风险指标本身的真实性，区块链技术将记录和公开全部交易信息，通过调整风险识别、监测和计量方式来降低信用风险。本书从经济学理论研究区块链等信息技术与征信体系融合创新发展的可能，构建区块链征信系统和信用评价模型，分析区块链征信对信用风险的影响。此外，本书基于制度经济学和产权理论提出信用信息确权理念以及区块链信息确权实现路径，扩展的产权理论应用和实现范围，而信息确权有助于打破信息孤岛、建立统一的征信平台，是信用信息共享系统的现实基础和理论前提。

2. 通过构建区块链征信为普惠金融提供新的发展思路

中国征信体系建设起步较晚，随着市场经济的深入改革，市场需要征信体系发挥更加重要的作用，虽然研究征信体系建设与改革者日益增多，但多数研究围绕着制度和法律建设、机构组织运行等宏观层面以及信用评价方法提出建议，对技术进步和征信体系创新的关系缺少关注和深入理解。信息是征信的基础，没有信用信息征信无从谈起，以往研究过度注重信用评价计算方法上的调整，对如何获取与量化更多信用信息和保证信息真实性缺乏研究。区块链技术可应用于银行、证券、保险等传统金融领域，以及网络支付、P2P 网络借贷、众筹融资等多个领域。西班牙桑坦德银行认为，仅在跨境交易结算方面，区块链技术将为这项业务每年减少 200 亿美元成本。本书根据区块链技术特点，首先对区块链技术在金融领域应用模式和商业模式进行系统介绍和研究，为金融机构、互联网金融平台和监管机构提供参考和建议，然后介绍征信体系发展历程，总结和分析征信业发展现状，指出中国征信体系发展的不足，征信方式无法满足日益丰富的网络经济活动。本书从功能角度解释征信的涵义与意义，以及区块链技术在征信体系中可能的应用和工作方式，指出区块链、大数据、征信三者的联系与作用机理。基于区块链技术尝试改变传统中心化征信模式，建立分布式存储、分布式查询征信系统，利用区块链和大数据技术构建区块链信用评价模型，通过实证与传统信用评价模型的比较分析，为中国征信体系建设和创新提出可行方案及建议，为金融业信用风险管理提供新的信息甄别、风险识别方法和管理方式。区块链征信具有缓解信息不对称、降低交易成本和信用风险的巨大潜力，对推动共享经济、增加经济发展可获得性具有重要的现实意义。

1.2 研究内容与方法

1.2.1 研究内容与方法

1. 研究内容

随着全球对区块链技术资金和研究投入的持续增加，区块链技术有望在征信领域得到实际应用。2016 年 7 月，征信企业甜橙信用与区块链技术服务商布比（北京）网络有限公司达成战略合作，联合打造世界首个区块链征信平台。本书将介绍区块链技术发展现状，深入总结传统征信体系在信息收集与处理、信息甄别与确权、信用评价与共享、隐私信息保护等方面的不足，分析区块链技术在征信领域可能的应用场景，并以更好识别和控制风险为目的的区块链技术在征信过程中所扮演的角色及功能的发挥，解释其在信息流动、交易成本和信用风险管理方面的相对优势。围绕研究内容，本书主要分为以下八个部分：

第一章，绪论。包括研究背景、研究意义、研究内容与方法，以及对区块链、征信体系相关概念的介绍。

第二章，相关文献综述。我国致力于建立一个帮助全社会成员公平享有金融交易机会的普惠金融体系，而征信体系作为金融发展的基础条件，其对普惠金融体系的构建具有重要的意义。本书试图构建一个以普惠金融为导向的征信体系，首先对普惠金融的相关研究进行了深入的分析，并总结了普惠金融的内涵、作用、构建与发展趋势。然后，从个人征信体系发展模式选择及比较、征信的影响与应用等角度展开国内外研究综述。

第三章，区块链技术应用于征信体系的理论依据。本章围绕信息不对称理论、交易费用理论、声誉理论、产权理论展开具体分析。在经济学理论中，信息不对称理论、交易费用理论和声誉理论是征信建立和发展的重要理论基础，而产权理论为我们构建区块链征信体系提供了坚实的理论指导。

第四章，普惠金融视角下国内外征信体系运行状况。本章首先按时间顺序分四个阶段梳理了中国公共征信业发展的历程，对比美国、日本及欧洲的征信模式，总结中国个人公共征信发展现状和行业面临的主要问题。中国长期以来以公共征信为主体，公共征信主要服务于银行等正规金融机构，公共征信在信息维度、信息共享方面存在技术短板和体制缺陷，制约着中国正规金融体系的包容性，征信市场化低、民营征信监管不过关使其对公共征信没有起到补充作用。

第五章，普惠金融视角下互联网征信有效性研究。随着数字货币、第三方支付、网络借贷、股权众筹等互联网金融在中国的迅速崛起，以网络借贷为首的新融资方式和金融组织迫切需要权威机构提供征信服务以降低客户信贷交易中产生的各类金融风险。但由于互联网金融业态较新，行业创新速度快，有针对性的监管一直处于监管滞后状态，平台本身的不确定性和金融交易性质多样性使其无法达到能够接入央行征信中心系统的标准。同时，平台服务的客户一部分未被央行征信系统覆盖，另外有一部分客户虽然有央行的征信报告但可用信息非常少，不能帮助平台做出信用风险评价。平台只能向客户逐一收集个人资料，最后依据收集的信用数据做出信用风险评价，这个过程其实是新金融组织自发的"征信"，而且"征信"报告仅作为内部使用。本章通过实证分析，衡量普惠金融组织征信能否为普惠金融发展提供有效的信息服务，指出普惠金融组织征信存在的问题。

第六章，区块链技术在普惠金融发展中的应用与创新。除数字货币外，区块链技术在跨境支付与结算、证券登记与发行、互助保险等传统金融业务中得到广泛尝试与应用，使金融体系多个部门都得到了较大的成本改善和效率升级。本章从政策环境和社会环境两个侧面综合分析区块链技术发展现状，结合中国金融业务发展现实和实业领域对区块链技术的开发与实验，研究区块链技术在不同金融业务场景中应用的逻辑、实现路径、成本优势、商业价值、技术瓶颈和监管方向，总结出区块链应用于金融领域的规律，为后文构建区块链征信系统提供技术发展与应用规律的依据。区块链技术目前已经在国际清算与结算、数字票据交易、证券发行与交易等方面得到应用和尝试，可有效降低交易成本和交易风险。

第七章，区块链技术在征信中的应用与机制分析。根据第六章区块链应用规律可以发现，区块链创新的信任机制在多种应用场景中均起到基础作用，信任机制是区块链技术最基本、最核心的特征规律。本章分析了经济信用、比特币信用和征信中信用的差异，其中经济与金融意义上的"信用"一般指借贷行为，信用关系是债务债权关系的概括；比特币中的"信用"涵义是以可信技术打造的去中心化货币发行与透明货币交付交易机制；征信系统中的"信用"通常作为一种结果反映信用主体还款能力的高低程度，是通过信用信息征集、信用信息审核、信用评价得以排序和比较。基于此，我们判定了区块链在创新征信体系中的角色、地位及功能，即主要在信息认证、信息存储、信息共享、个人信息保护、信用风险评价模型等五个方面在征信体系所做出的创新。

第八章，以数字普惠金融为导向的区块链征信系统构建。根据区块链技术特点、征信发展方向、区块链在征信体系中的功能与作用，本章构建了一个系统性的区块链征信体系，主要包括区块链信息认证与信息存储、信息共享与信息保护、信用风险管理等。首先，信息是征信的基础要素，通过共识机制，区块链信息认证系统在一定程度上能识别征信对象信用信息的真实性，具有过滤虚假和恶意信息的功能，同时区块链将对真实信息进行信息认证，确定信息所有权，保护征信对象合法权益，区块链认证系统另一项功能是资产数字化，增加了征信过程中信息多样性并降低了征信执行成本。其次，区块链征信信息共享系统是在信息认证的基础上建立的，一方面，个人或企业可将认证信息共享给征信机构，共享包括公开、免费申请和有偿使用三种方式；另一方面，征信机构可将最终信用评价结果通过信息交易与共享系统为金融机构和其他有需求的组织或个人提供信息服务，金融机构根据客户信用评价结果为客户提供金融服务。再次，区块链加密机制对个人数据具有良好的保护作用，通过零知识证明、同态加密等加密算法可以缓解长期以来信息共享与信息保护的矛盾关系。最后，信用风险评价模型及计算并不依赖于区块链技术而是可以通过传统信用评价方法和大数据技术相配合来对认证信息进行全方位计算和评价，以最大准确性度量征信对象的信用水平，为金融机构提供更加准确的征信结果，从而达到优化金融服务过程，减少信用成本和信用风险的目的，从而让更多无法获得传统金融模式服务的人享受到可负担的金融服务。此外，区块链征信还将在宏观层面影响征信体制的变化，能够加速民营征信的规范发展，我们在最后也讨论了区块链征信面临的技术陷阱。

第九章，研究结论。本章是拙著的最后一章，汇总区块链技术对征信体系创新的主要观点与发现，并对全书进行总结，反思本研究不足之处，并对区块链技术在金融、征信领域的应用进行展望，提出征信体系创新的技术方案与相关建议。

2. 研究方法

（1）理论研究。本书的两条理论框架为信息不对称理论和去中心化理论，信息不对称理论在经济研究和经济发展中已经得到相当充实的论述和思考，但目前尚未有对去中心化理论的权威界定和解释，只有一些列类去中心化相关理论，如市场经济理论、货币非国家化等经济理论。为了丰富去中心化的思想，本书通过分布式计算构建共享征信体系，从经济学、哲学、社会学、信息学等学科汇总去中心化相关理论，并对去中心化本质进行深入总结。

（2）比较研究。大数据征信是业界正在推动的征信方式，本书构建的区块链征信则更具有理论价值和实践意义，通过对比分析洞悉大数据征信的不足，进而提出区块链技术与大数据共同配合构建区块链征信体系的观点和建议。

（3）实证研究。本书以 P2P 网络借贷为例，用 Probit 回归法对借款人信用等级与违约情况进行实证分析。研究发现，网络借贷等普惠金融组织的互联网征信明显存在有效性不足的问题，在信用信息收集和处理能力、信用风险模型的评价能力上仍然有待提高。

1.2.2 研究思路

本书始终以推动普惠金融发展为主线和目标，研究区块链技术在征信体系中的应用。先是通过比较分析、实证分析对现代征信体系的不足做出充分说明，指出现代征信体系在构建金融基础设施和支持金融机构发展方面的痛点，然后考察区块链技术如何帮助解决当前征信数据收集维度、信息共享、信息保护、信用风险评价中存在的问题。具体的逻辑关系和研究内容见图1-1。

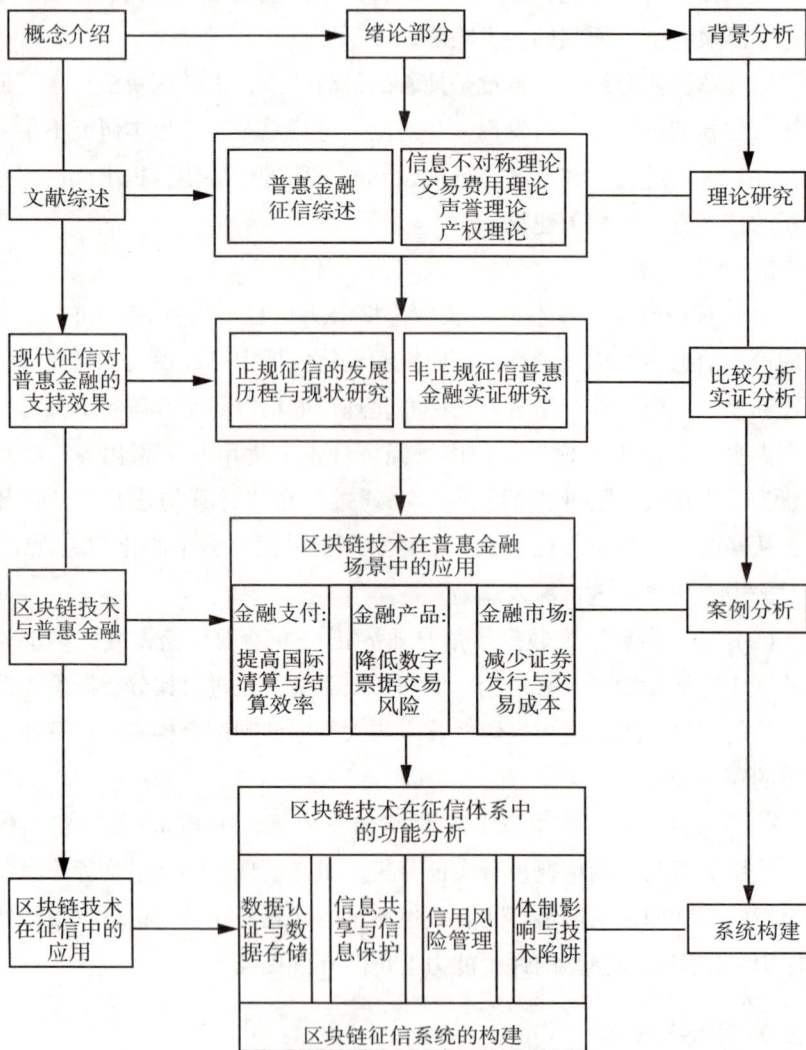

图 1-1　技术路线图

1.3 创新与不足

本书的创新之处有：

1. 提出了区块链技术应用于个人征信的理论可能性

征信的存在主要是为了减少信息不对称以降低逆向选择、道德风险、违约风险。面向个人的传统征信从数据采集、数据处理再到数据清洗需要耗费较高的成本，规模经济优势较低。从信息不对称理论和交易费用理论来看，区块链技术建立同一网络多点共识的机制将实现信息、数据在全网内共享，降低数据采集、处理及审核的成本。本书论述了"信用"的多种涵义，说明区块链技术应用于征信系统和应用于其他系统所起作用不同，所发挥功能不同，所属地位不同。对区块链技术直接进行信用风险评价提出了质疑，进一步指出区块链技术将改变征信体系的基础设施和可行性分析，构建了区块链征信系统。

2. 从普惠金融层面检验了传统征信和互联网征信的有效性

传统金融机构金融信用信息基础设施是央行组建的个人征信系统，P2P 网络借贷、第三方支付等新型金融组织则以自有供应链或通过数据采集建立定向使用的互联征信，这两种征信方式对支持弱势群体获取金融服务和普惠金融发展都存在严重缺陷。央行个人征信系统开放性不足，信息指标覆盖率低。互联网征信数量繁多，缺少统一信用信息数据库，各机构自扫门前雪，不管他人瓦上霜，形成了相互割裂的数据孤岛，信息指标多而杂、有效性不足。本书以网络借贷为例，运用人人贷平台的借贷数据，通过实证研究方法检验了互联网征信的有效性。研究发现，互联网征信覆盖范围远低于金融需求，互联网征信未能准确识别客户信用风险，互联网征信中信用信息无法共享的现实仍未改变。

本书的不足之处有：

首先，区块链技术正处于发展初期，除比特币系统外，其他较为成熟的应用尚未出现，区块链征信虽然发展前景可观但目前处于方案试验阶段，在研究过程中缺少实际案例分析。其次，在实证方面，由于数据不足，难以比较区块链征信信用评价和传统信用评价的真实差距，仅能通过数理分析发现区块链征信的逻辑优势。最后，本书从理论层面提出区块链征信系统，未来区块链技术在征信方面的实际应用与本书所提是否一致或类似，是否有更好的应用方案，需要持续跟踪观察。

1.4 概念界定

1.4.1 区块链技术

区块链技术是一种分布式可靠数据库技术，网络数据的记录、访问和存储由所有参与者共同验证和维护，具有去中心化、去信任化、开放透明、匿名、不可篡改等特性，最早出现在比特币现金交易系统中。网络中交易或事件发生后会记录在区块中，或者产生新的区块，区块是一个个的信息块，所有区块按照时间顺序链接成为区块链（见图1-2）。区块链通过信息广播技术使每个节点参与者都有一份完全相同的区块链，任何节点被破坏不影响整个系统数据的完整和真实性，只有超过半数以上的节点全部受到攻击才有可能改变原有数据。根据开放程度的不同，区块链可分为公有链（public blockchain）、私有链（private blockchain）和联盟链（consortium blockchain）。公有链是全世界所有人都可以参与信息读取与维护的，不受任何个人或组织控制，是完全分布式的区块链，典型的应用包括比特币、以太坊；私有链仅限于私人使用，数据的读取与写入有严格的权限管理，信息访问只对获得权限后的部分节点开放，但信息写入只有私有链拥有者才有权限，私有链中心化程度较高，无需通过节点共识即可进行信息处理，但也可应用于一些特殊场景，其典型应用如 Eris Industries；联盟链是介于公有链和私有链之间的一种混合区块链，开放和去中心化程度低于公有链，高于私有链，由确定的参与机构共同发起和维护，共识机制作用于参与节点，联盟链提供了对外开放的程序接口，允许外部节点对区块链信息进行访问。

区块		区块		区块	
前一区块哈希指针	随机数	前一区块哈希指针	随机数	前一区块哈希指针	随机数
Merkle 根	时间戳	Merkle 根	时间戳	Merkle 根	时间戳
交易信息		交易信息		交易信息	

图 1-2　区块链结构示意图

1.4.2　征信、区块链征信

"征信"一词在我国最早见于《左传·昭公八年》中，有"君子之言，信而有征，故怨远于其身"。其中，"征"即征集、验证、求证，"信"即信用、诚实、信任，"君子之言，信而有征"就是说，君子之言，之所以诚实可靠，是因为可以找到充分的证据加以佐证，这里"征信"合起来的意思即为验证信用。民国初期，征信被定义为信用调查，信用调查的范围由人扩大到了某个企业或是组织，甚至是国家。随着社会分工和信用交易的发展，征信活动经历了不同的演变过程，征信也有着不同来源的定义。

关于征信的界定在英文中没有直接对应的词，一般专指某类具体的征信活动，如 "credit reporting"、"consumer report"、"credit information business" 等。从世界各国立法来看，对于征信业务的定义也存在一定的差异性。例如，美国《公平信用报告法》（*Fair Credit Reporting Act*）将消费者报告（consumer report）定义为"有关消费者的信用价值、信用状况、信用能力、信用品格、一般名誉、个人消费特点或生活方式的任何书面的、口头的信息，这些信息被部分或全部地运用或准备用于确定消费者具备某种资格的因素"，可见符合"消费者报告"必须具备两个条件，一是反映的内容与信用有关，二是用于信贷、雇用、保险等目的。韩国《信用信息使用和保护法》规定 "credit information business" 的四类业务形式，分别是信用查询（credit inquiry business）、信用调查

（credit investigation business）、信用评级（credit rating business）和信用催收（claims collection business）。马来西亚将 "credit reporting business" 定义为处理信用信息、提供信用报告服务的业务。

各国对征信定义不同，主要原因是各国监管的内容和侧重点有所不同，但究其共性，都是指对个人信用信息进行处理并提供信用信息服务的活动，我国《征信业管理条例》规定 "征信业务指对个人信用信息进行采集、整理、保存、加工，并向信息使用者提供服务的活动"，可见我国就采用了这种比较一般性、概括性的定义。征信的重点之一在于收集信用信息，信用信息涵盖的内容按照《征信通用原则》的划分可分为身份数据和信用数据两大类，身份数据对应基础库中的基本信息。《征信管理条例释义》中，按信息内容将信用信息进一步划分为金融信息和非金融信息。金融信息又包括信贷信息和非信贷信息，非信贷信息主要指个人和企业在证券、保险等其他金融活动中所形成的保费缴纳信息等。而非金融信息则是个人和企业在社会经济活动中所产生的，能够反映其信用状况的信息。一般而言，非金融信息包括法院判决、行政处罚等司法、行政信息和水、电、煤气、电信费缴纳情况等公共信息，以及社会主体之间的赊购、赊销等信用交易信息（安建，2013）。

结合国内外对征信的相关解释，我们认为征信是指依法收集、整理、保存、加工自然人、法人及其他组织信用状况的信息，并以此为基础对外提供信用报告、信用评价、信用信息咨询等服务，帮助经济活动主体判断和控制风险的活动。本书侧重于个人征信的研究，个人征信是指由征信机构把分散在各商业银行和社会有关方面的个人信用和信誉信息汇集起来，进行加工和储存，形成个人信用信息集合，当个人在进行信用活动时，其信用记录将作为一项重要的参考因素被贷款人所考虑，为银行和社会有关方面系统地了解个人的信用和信誉状况提供的活动。简而言之，征信就是一种处理个人信息的活动，主要用于信用风险评估的目的。

区块链征信是指利用区块链技术构建的征信系统，按照区块链去中心化的核心理念，建立新的信用信息共享数据库，从区块链共识信任算法入手建立增强信息可信性的数据认证机制，沿着区块链加密技术的途径改善征信业个人信息保护，并通过技术联合创新从数据源、数据清洗、信用评价、信息共享等方面优化征信业务，推动征信系统在缓解金融交易中信息不对称和降低信用风险等方面的进一步发展。

1.4.3 共识机制

共识机制（consensus mechanism）是区块链中的核心技术，产生于解决分布式系统中的共识或不一致问题，可将区块中的信息在全网达成一致，使全网不出现异常且可以抵御恶意攻击的算法机制。从历史方面来看，人类对共识机制的追求已经存在几千年之久，需要共识的场景不一而足，最著名的当属"拜占庭将军问题"。根据图灵奖得主 Leslie Lamport（1982）对"拜占庭将军问题"的描述，拜占庭的几支军队驻扎在敌军城外，每一支军队由各自的将军指挥。将军仅可以通过信使互相通信。在观察敌军后，将军们必须决定行动的共同计划。然而，将军中存在的叛徒将试图阻止忠诚的将军达成一致的作战计划。将军们必须有一个算法来保证：①所有忠诚的将军的决策依据相同作战计划，按照共识算法计划行事；②少数叛徒不会影响忠诚的将军采取错误的计划。在区块链技术中，能够解决"拜占庭将军问题"的共识机制的算法包括：工作量证明（proof of work）、权益证明（proof of stake）、混合证明（PoS+PoW）、股份授权证明（delegated proof of stake）以及瑞波共识协议（ripple consensus protocol）等。通过共识机制，区块链技术可实现以下工作流程：

（1）工作节点将通过广播技术发送新的数据记录至全网。

（2）数据接收方将收到的数据进行检验判断是否合法，并记录到区块中。

（3）通过共识算法，全网对数据的合法性、正确性达成共识。

(4) 通过共识的区块被纳入区块链中存储。如果一个节点没有收到特定的区块链, 可以主动提出下载该区块的请求。

共识机制为征信系统的个人信用信息在金融机构间的共享提供了技术参考。信息共享将进一步降低金融交易中信息不对称及其引发的逆向选择和道德风险, 降低金融机构对借款者的监督成本。

第 2 章　相关文献综述

2.1　关于征信的相关文献研究

2.1.1　征信市场发展模式的选择

在 20 世纪末，东欧剧变、金融危机后，许多转轨国家、发展中国家积极构建本国征信体系，首先面对的问题是私营、公共征信模式的选择。

Jappelli 和 Pagano（1999）承认公共征信与私营征信具有互补性，但是也有替代性，总的来看是替代性大于互补性。所以对于已经建有私营征信体系的国家，再建公共征信体系的效果就会大打折扣。Jappelli 和 Pagano（2002）根据调查研究进一步指出，只有在没有私营征信机构，且债权人权利保护较弱的国家，才易于建立公共征信体系。Nomura Research Institute（1999）则从信息准确性角度建议中国等采取私营征信模式。实际上，信贷市场的结构也是影响征信模式选择的不可忽视的重要因素。

Brown 和 Zehnder（2007）构建了一个关系型信贷的博弈模型，对于公共征信的效果进行了实验研究。如果借款人的流动性和贷款的区域性很强，关系型信贷（relationship banking）难以维持，则公共征信机构可以大大提高借款人的偿还率。但当关系型信贷运转良好时，公共征信下的偿还均值是 0.79，略高于没有公共征信的 0.74，在其他方面如合约执行率、贷款规模方面情况类似。这一结论意味着在关系型市场中，借贷双方确立的信贷关系可以促使借款者偿债，即使贷款人之间没有信用信息共享。因此，在这样的环境中，建立公共征信系统意义不大。不过从阿根廷、巴西和墨西哥金融实践来看，公共征信系统提高了信贷审批质量，更大范围内的信息共享增强了银行之间的竞争（Powel et al，2004）。同时，不同国家的目的不同，公共征信系统的具体设计也应有所区别。

在征信实践中，迫于经济形势的急需，更多的转轨国家、发展中国家迫不及待地照抄照搬发达国家的做法。信用信息共享作为一种防范和承担风险的制度安排，需要一定的条件。鉴于信息的不准确、商业规则的不适应等情况，迫切移植发达国家的做法也许会导致征信制度水土不服，甚至把本土可以代替征信的有效制度破坏殆尽（Olegario，2003）。Olegario（2003）虽然注意到了文化、历史传统等对征信模式选择的影响，但可惜的是没有对此展开论述。

在中国征信模式选择中，很多研究坚持私营模式导向（刘可佳，2006；吴莉娜，2007；林钧跃，2003；王一兵，2003；石晓军、陈殿左，2003；张永红，2006；谈儒勇、金晨珂，2010；李俊丽，2007）。Jentzsch（2008）详细研究了中国公共征信模式建立的背景与运行机制后，对此有不同的看法：虽然这方面的数据很有限，目前还很难估计其经济效果。但是对于那些债权人保护较弱，信贷市场刚刚起步的国家，中国模式具有借鉴意义。不过随着市场经济走向成熟，就要寻求私营与公共征信机构协调有效的运作模式。目前来看，这方面做得还不够好。

征信的私营、公共模式选择也许是个动态优化过程。在不同的阶段有不同的选择，即使二者是替代性的，也不能完全排除其互补性的一面。走向极端的选择将会降低信贷资源配置的效率。当然，征信体系设计除了模式选择之外还有其他问题，如正面、负面信息配伍，非正规信贷信息的收录等，Jappelli 和 Pagano（1999）对此有较为全面的概括。

2.1.2 征信模式的比较

由于中国正在构建征信机构，模式的选择在中国引起了很大的争议，所以我国在这方面进行了较多的总结。根据主导运营模式，各国征信模式可概括为三种（姚存祥，2010）：（1）美国的市场主导型模式。由民间资本投资和经营，完全市场化经营。经过兼并组合，美国目前在个人征信市场、企业征信市场都已经形成了寡头垄断的格局。以《公平信用报告法》和《格雷姆-里奇-比利雷法》（*Gramm-Leach-Bliley Act*，GLB Act）为代表的信用法律体系是美国征信业健康发展的保障。（2）欧洲的政府主导型模式。这种模式是以中央银行建立的"中央征信系统"为主体，兼有私营征信机构。以德国为例，其征信体系由两部分组成：一部分是由中央银行管理，主要采集一定金额以上的银行信贷信息，目的是为中央银行监管和银行开展信贷业务服务；另一部分由市场化的征信机构组成，一般从事个人征信业务。民营征信机构的服务范围比公共的更为广泛。征信机构一般可以免费采集政府部门和法院的相关信息。采集私人部门的信息是否需要付费，一般由征信机构和信息提供者协商确定。两种模式各有千秋，同时又相互补充。（3）日本的会员制模式。日本采用的是以行业协会为主建立信用信息中心的会员制模式，为协会会员提供个人和企业的信用信息互换平台，通过内部信用信息共享机制实现征集和使用信用信息的目的。日本的信用信息机构大体上可划分为三类：银行体系、消费信贷体系和销售信用体系，此外，日本还存在一些商业性的征信公司。

这三种模式各有特点（刘可佳，2006）：美国式的征信体系：市场主导，有健全的法律体系和监管体系，有司法配合的失信惩戒机制等，在征信中隐私权保护让位于信息征集。而欧洲（尤以西欧为代表）征信服务服从于"机密性"和"隐私权保护"要求，成员被强制加入。日本对征信服务没有专门法律规定，征集数据仅仅用于授信，不得用于其他目的；政府对外免费公开信息；信用产品多样化等，但是征信行业跨国经营欲望低，银行不对外提供信用报告。三者都比较强调信用立法，但是在数据的采集范围、使用等方面存在一定的差别。总的来看，这三种模式在运行中各有优劣（吴丽娜，2007），每一种模式都是一国经济、社会、文化、法制等环境下的产物，比较其优劣只能结合其功效，尤其是对信贷的影响。具体机制的差别只能是其优劣的原因，优劣的表现应是与一国金融体制等制度的耦合程度，提高信贷效率的程度。遗憾的是以上文献都没有结合这些比较其优势，这不利于发展中国家有效地学习、借鉴征信经验。

以上比较基于相对宏观的视角，而 Miller（2003）则从机制内部对公共、私营信贷机构进行了比较。（1）在收集消费者信息上二者都限于几个关键项目：借款者名称、贷款金额与类型，但是私营系统收集的信息更广泛。（2）在收集商业信息上与前者基本类似，不过在收集的核心数据上，私营征信体系收集公司的名称与地址，公共征信体系收集公司的名称、贷款类型与金额、报告机构名称。不同地区之间也有一些差别。二者都从银行获取信息，但是私营系统来源更广。（3）征信公司的数据使用。公共征信系统向数据提供方和金融监管机构提供数据，而私营系统向私营企业、公共征信系统等提供信息。（4）数据准确性、消费者权益保护以及法律问题。公共征信系统依据法律修正错误信息，通过罚款促使银行遵守。私营征信系统多通过提供免费信用报告、暂停提供错误数据的机构查询数据库、统计核查等手段确保数据的准确性。在保护消费者权益方面，公共征信系统做得不如私营征信系统好。

2.1.3　征信的影响与应用

1. 对信贷市场的影响

银行通过私营、公共征信机构实现信息共享有三方面的积极作用：（1）识别信用风险，化解逆向选择；（2）减少信息租金，促进银行间的竞争（Hauswald & Marquez，2006）；（3）共享负面信息可以促使借款者按时偿债（Padilla & Pagano，2000）。

其实信用信息共享系统对于违约风险的影响过程具有双重性。征信体系有三种效应：筛选效应、激励效应和扩展效应（Mcintosh & Wydick，2007）。筛选效应缓解了逆向选择问题，激励效应缓解了道德风险问题，而扩展效应又增加了违约风险：一些有着"清白"信用记录的人以更为优惠的贷款条件从银行获得更多的贷款，这相应增加了违约概率，但和激励效应带来的违约风险的下降程度相比还是会小一些。因此，从总体上看，信用信息共享系统可以大大缓解信贷违约问题。

信用信息共享对于银行抑制逆向选择、道德风险有一定作用，但这并不意味着信贷规模必然增加（Jappelli & Pagano，1990a）。如果银行是地方性垄断银行，通过辨别"安全的"和"风险的"借款人，银行可以实施价格歧视，风险型借款人所得贷款规模将下降，安全型的借款人信贷规模将增加，但这不足以抵消对风险型借款人的贷款限制所产生的信贷下降幅度，所以此时的客户信息共享会降低信贷规模。反之，如果银行之间相互竞争，客户信息共享可解除信息租金，借款成本下降，从而有更大的信贷需求，同时信息共享加剧了银行之间的竞争，导致信贷规模增加。

信用信息共享在影响信贷规模的同时，也影响信贷在金融市场中的地位。Jappelli 和 Pagano（2001）通过对私营和公共征信体系的国别调查数据研究发现，有征信体系的国家，无论是私营还是公共征信体系，银行借贷的比重较高，信用风险较低。这与贷款者的信息共享有助于解决道德风险、逆向选择，从而扩大借贷规模、降低违约率的理论预测不谋而合。

不过已有研究注意到信用信息共享系统的影响与经济水平、法制、征信类别、信息内容安排、信贷类型等密切相关。Djankova、McLiesha 和 Shleifer（2007）通过对 129 个国家的私人信贷研究发现，无论是以信息共享还是以司法的形式对债权人的保护都与私人信贷比率高度相关，而在贫穷国家，通过征信途径保护债权人利益更为重要。在贫穷国家，私人信息共享系统与私人信贷呈显著正相关，公共征信系统无论对于整个样本还是贫穷国家都与私人信贷显著正相关。在富裕国家，无论是私人还是公共征信系统对私人信贷的影响都不重要，而债权人的权利保护与司法效率才是重要因素。对于富裕国家的私人信贷而言，权力系统发挥作用，对于穷国，则是信息机制。

Jappelli 和 Pagano（1999）的研究表明：征信机构运营的年数与消费信贷的规模显著正相关，黑色信息共享与黑白信息共享都与消费信贷规模显著正相关。对信贷规模与 GNP 的比率，公共征信系统每多运行十年，这一比率就上升 0.504 个百分点，而征信机构每多运行 10 年，这一比率就上升 0.311 个百分点。

从泰国经验看，虽然信用信息共享对于个人信贷、企业信贷都有积极影响，但是相比而言，信用信息共享系统对于个人信贷的促进作用较大，不但推动了个人信贷规模的增加，而且大大降低了个人不良贷款比率，这种影响要大于企业信贷（Kunvipusikul，2008）。

2. 对银行信用风险的影响

信用风险度量是风险管理的重要手段。从邓白氏公司的数据对信用报告的影响来看，相对于仅利用信用申请表中的信息，加入信用报告的数据后，信用评分的预测能力将大大增强，其中使用正面信息后的效果更明显（Chandler & Johnson，1992）。另外实证研究表明，加入贸易信贷信息可以增强邓白氏信用报告的预测力（Kallberg & Udell，2003）。Barron 和 Staten（2003）通过对私营征信下的信用信息共享研究也得出了类似的结论。

不良贷款比率是度量银行经营稳健性的核心指标。许多信用信息系统运行良好的国家不良贷款比率都较低，如智利。1986 年，智利开始向银行提供信用信息，在 1986—1998 年间，虽然经历了经济波动，但是逾期贷款余额逐步下降，是世界上不良贷款率最低的国家之一。Cowan 和 Gregorio（2003）对此利用个人需求信贷估算公式建立的计量模型回归结果表明，在信用信息共享开始后，信贷有显著的增加。进一步的信用违约概率模型估计表明，无论什么来源的信用信息都对降低违约率有显著影响。无论正面信息还是负面信息都与违约预测相关。智利较低的不良贷款比率就得益于银行间的信用信息共享。

3. 对银行信贷决策的影响

信用信息共享体系不仅可以直接降低信贷违约率，还可以抵消债权人保护、信贷腐败等因素的消极影响。

Houston 等（2010）借鉴 Djankova、McLiesha 和 Shleifer（2007）的研究，结合 69 个国家近 2400 个银行的数据研究发现：信息共享系统可以抵消由于债权人保护而产生的银行风险，一方面，信息共享减少了贷款申请时的逆向选择，另一方面缓解了事后的道德风险。所以综合考察债权人保护和信息共享对银行风险的影响，可见尽管债权人保护降低了银行监管债务人行为的积极性，从而增强了银行风险，但是信用信息共享通过抑制债务人的道德风险与逆向选择，最终降低了银行风险。计量结果表明，信息共享提高了银行的盈利能力，基本可以抵消债权人保护对银行风险的负面影响，从而降低金融危机发生的概率，推动经济的增长。

现实中，信贷腐败如主管信贷审批的高层人员的审批腐败和负责信贷发放的基层人员的支付腐败，也是影响信贷效率不可忽视的因素。Barth 等的研究表明，私营征信机构与信贷腐败程度显著负相关，而公共征信体系虽然也负相关但不显著。同样，如果信用报告的信息包括正面和负面，则与信贷腐败显著负相关，而如果仅仅报告负面信息则负相关但不显著。公共征信体系则与信贷腐败无显著关系。这些差别源于私营、公共信贷体系的信息收集与共享方式的差异。私营征信机构收集信息较详细，而且传播的范围比较广，包含的时间段也长，但是公共征信系统仅仅收集一定额度之上的信息，且对于信息的加工不完整，只为内部成员提供信息。所以，私营征信机构对于遏制信贷腐败有比较大的制约作用。

4. 对银行间竞争态势的影响

在银行共享其他银行客户信息的同时，自己客户的信息也要被其他银行共享。因此，信用信息共享必然影响银行间的竞争态势。

Gehriga 和 Stenbacka（2007）建立了两阶段重复博弈模型来分析这一问题。信息共享使得银行能轻易辨出优质客户与风险性客户，也就消除了信息租金，银行与客户建立的关系失去作用，所以在初始阶段（信息共享前），银行不会再努力相互争夺市场份额。而在第二阶段（信息共享阶段），银行既可以去争夺对手的优质客户，自己的优质客户也可能被对手抢去。信息共享后，无论是争夺对手的优质客户还是维护原有客户，逆向选择问题都将得到圆满的解决，对于银行而言，利润会增加，这个增加的额度就等于是克服逆向选择节省的成本，但是对于信贷规模而言，总量则有所下降，更为重要的是把一部分很有潜质的市场新进入企业排除在信贷之外，因为由于企业刚刚进入市场，虽然有好的前景，但是没有信用记录，从而得不到信贷，也就抑制了企业创新。

2.1.4 征信对企业融资、个人信贷的影响

1. 对企业融资的影响

企业是信贷市场最主要的服务对象，其融资行为深受信用信息共享的影响。根据"全球征信"数据库和世界银行征信调查的数据，在有征信体系的国家，企业项目融资对外部资金的依赖性较强，也就是说信用共享降低了企业贷款的难度。但是，不同的信用信息实现方式（公共、私营征信）对不同企业融资的影响有别（Love & Mylenko, 2000）。在私人征信国家，企业管理者认为融资约束比较低，并且银行融资的比重较大，而公共征信体系对于缓解融资约束作用不大。在私营征信国家，中小企业的融资主渠道是银行，而影响私营征信效率的主要因素是法律的严明程度。公共征信体系的作用也与企业的经营年限有关，刚入市场的企业比进入市场很久的企业在公共征信体系中受益更大。

除此之外，一国的法律体系、企业的治理机制等也会影响信用信息共享在企业融资中的应用效果。从东欧转轨国家企业融资机会和融资成本问题来看，总体而言，信息共享有利于企业信贷（Brown、Jappelli & Pagano, 2009），但其影响效果因不同的环境条件而有别。如果一个国家有较强的债权人保护措施，如民法法系的国家，则信息共享对企业融资机会的经济影响就会大打折扣，二者在这方面有替代作用。相反，很多海洋法系的国家，如美国、英联邦等，对于债权人保护较弱，那么信

息共享对企业融资的促进作用就特别明显。另外，不同企业的融资对信息共享的敏感性也不同，如果一个企业采取经营透明原则，有良好的信息披露机制，则信息共享的作用就不明显；反之，如果企业缺乏良好的信息披露机制，财务资产等信息的公开性很弱，则信息共享的作用就很明显。

另外，征信系统还可以降低对外资银行的融资依赖。Preliminary（2007）经研究发现，如果一个国家的金融市场中，外国银行占据较大的份额，则本国企业融资渠道就增多。但是，如果一个国家建立征信系统，实现信用信息共享，则这种影响就微乎其微，尤其是建立私营征信系统后，而且征信系统的这种效应对小企业的影响要远远大于大企业。可见，总体而言，信用信息共享促进了企业融资，但是这种影响深受其他条件的制约。

2. 对个人信贷的影响

对于穷人，信用信息共享可以提供更多的借贷机会（McIntosh & Wydick，2004，2005），但是这需要一定的条件。假设借款者的偿还行为是自愿的，不存在第三方约束机制，一类市场是现货市场，借贷双方的互动是一次性的，而另一类市场是关系市场，借贷双方可以确立银行关系。在现货市场，如果贷款人担心借款者违约，则市场会萎缩。这时引入公共征信系统就可以保证债务偿还率，扩大债务市场。而在关系市场中，双方确立的银行关系可以促使借款者偿债，即使贷款人之间没有信用信息共享（Brown & Zehnder，2005）。

从维护借款人声誉福利出发，消费者征信机构是一个很好的制度安排。信贷市场上的声誉有很强的福利效应，也可以缓解道德风险。但是如果借款人的私人信息完全被贷款人掌握，则借款人的声誉福利将消失殆尽。所以除非借款人的声誉得以维持，否则借款人的总体福利将会下降。因此，在信贷市场上，成立消费者征信机构是一个很好的制度安排，它可以限制贷款人对借款者私人信息的随意接触，从而维护借款人的声誉，保护其福利（Vercammen，1994）。另外，还可以平衡个人跨期消费，支持个人的跨地域流动，优化劳动力资源的空间配置。不过也有部分借款者滥用个人信用而导致过度负债，以至于个人陷于破产。

2.1.5　征信对金融监管的影响

化解金融风险是各国银行监管的主要目标。共享的信用信息可以作为考核拨备率、资本要求的重要参考变量。Falkenheim 和 Powell（2000）对此问题进行了研究。虽然利用信用信息有很多的局限，但他们还是建立了一个简单的投资组合模型，通过投资收益变量来评价贷款风险，并结合信用信息对此模型进行了修正。从理论上讲，拨备要求和资本要求要用同一个标准来定义，但实际上拨备要求反映的是预期损失，而资本要求反映的是非预期损失。在上述模型中，使用信用数据后发现，拨备要求略高于潜在水平，而潜在的资本要求都高于巴塞尔协议对新兴经济体的最低资本要求。而从金融机构自身来看，潜在资本要求水平又通常低于实际要求。因此，参考信用信息评价金融系统更有利于保持金融的稳健性。不过目前这方面的研究文献极少。

当然，征信体系还有平衡经济周期、减缓经济危机、提高国民的诚信意识等积极作用。但是，如果信用信息共享体系设计不好，也会为金融风险埋下伏笔。

2.2　关于普惠金融的相关文献研究

虽然普惠金融概念提出时间较短，但因普惠金融起源于小额信贷和微型金融（宴海运，2013），相关研究是一脉相承的。随着普惠金融实践的发展，学术界产生了大量关于普惠金融的研究成果。本节主要在普惠金融与金融发展、普惠金融发展状况、普惠金融中的金融创新、普惠金融的风险与监管和普惠金融体系构建与发展趋势方面，对国内外相关文献进行回顾和梳理。

2.2.1　发展普惠金融的作用

20 世纪 90 年代，国外学者越来越深刻地认识到金融业欲更好地促进经济增长，就必须大力支持具有企业家精神的人以帮助其合理组合各种生产要素，进行各种"创新"活动。King 和 Levine（1993）认为，Joseph A. Schumpeter① 在 1912 年提出的金融的核心功能是帮助企业家重新组合各种生产要素以进行"创新"活动的思想，正是金融发展的本质所在。King、Levine 的这一研究推动了 Schumpeter 创新理论的复兴，并使支持企业家的创新活动重新成为金融发展理论的主题之一。进入 21 世纪以后，随着经济全球化的发展，Schumpeter 创新理论的复兴趋势逐渐增强。Hurst 和 Lusardi（2004）、Sharma（2007）、Bianchi（2010）等人都纷纷在 Schumpeter 创新理论的基础上围绕"金融发展、企业家精神与经济增长"这一主题进行了大量的理论及实证研究。可以说，这是金融发展理论近年来一个值得高度关注的重要思潮。

1. 普惠金融的发展能有效减缓贫困及改善收入分配

金融服务"嫌贫爱富"的特征是贫富差距长期存在和制约经济增长的一个重要原因。如果金融契约、市场结构和金融中介得到改进，普惠金融就会得到有效发展，并进一步减少贫困和促进机会均等（Demirgüç-Kunt、Levine，2008）。普惠金融是正规金融体系的重要补充，其发展对于经济增长具有不可估量的推动作用。Mandira 和 Jesim（2010）通过研究发现，一国金融普惠程度与经济社会发展程度具有显著的同向变动关系，收入水平、平等程度、文化、城镇化率与普惠金融的关系都十分紧密。

目前，国外学者研究金融发展对经济增长的作用主要集中在"金融发展如何减缓贫困及改善收入分配"上。其中，部分学者认为对具

① Joseph A. Schumpeter（约瑟夫·熊彼特），一位有深远影响的美籍奥地利政治经济学家，被誉为"创新理论"的鼻祖。1912 年其出版了《经济发展理论》一书，提出了"创新"及其在经济发展中的作用，轰动了当时的西方经济学界。《经济发展理论》创立了新的经济发展理论，即经济发展是创新的结果。创新理论的主要内容有：企业家的本质是创新；企业家是推动经济发展的主体；创新的动力来自企业家精神；成功的创新取决于企业家的素质；信用制度是企业家实现创新的经济条件。

有企业家精神的人提供金融服务，有利于创造更多的新企业并提高就业率和工资水平。如 Beck（2000）、Kunt 和 Levine（2008）认为金融只有通过支持企业家的创新活动，才能提高新企业的产生率和自我雇佣率，而新企业产生率的提高会创造大量新的就业机会，缓解就业压力。Bianchi（2010）的研究也证明了金融发展水平的提高可以缓解私人企业的信贷约束，使一国企业家的数量增加，而企业家之间的竞争可以促进就业率及工资水平的不断提高，有效减缓贫困并改善收入分配状况。另有学者认为金融支持具有企业家精神的企业家将打破依靠资本或关系获得财富的格局。如 Zingales（2003）指出，如果一国的金融体系能够大力支持企业家的创新活动，则一个人能否在经济上取得成功就不再取决于其所拥有的资本或关系，而主要取决于他的知识、思想、技能及企业家精神。也有学者认同建立完善的金融市场是缓解贫困的更好途径。Beck、Kunt 和 Peria（2007）发现融资权利的不平等是导致金融体系不能有效地减缓贫困并改善收入分配的重要原因。Kunt 和 Levine（2008）也指出金融发展要想真正降低全社会的贫困率，真正帮助穷人，那么金融发展应该真正着眼于建立完善的金融市场，提高所有人享有金融服务的水平。只有建立完善的金融体系才能创造较平等的经济机会，从而有利于那些缺乏资金、只能依靠才智和努力的穷人。还有学者认为金融体系大力支持具有企业家精神的人进行创新活动有利于解决贫困的"代际世袭"问题。Bianchi（2010）指出，金融体系大力支持企业家能够打破财富约束对企业家才能的限制，使贫穷但具有企业家精神的人有可能创办企业，这就有利于增强一个社会的收入流动性，解决贫困的"代际世袭"问题。

国外学者在这一领域里进行了大量的理论探索，并在实证分析的基础上提出了诸多观点或建议，这对于一国构建减缓贫困及改善收入分配的金融体系具有重大的启发意义，这些研究成果完全可以作为促进一国普惠金融发展的对策（江春，2015）。国内学者也认为普惠金融的发展将有利于促进经济的增长，缓解贫困。如焦瑾璞、陈瑾（2009）从金融发展的角度认为，普惠金融体现了金融公平，强调全民平等享受现代

金融服务的理念，是对现有金融体系的反思和完善。王曙光、王东宾
（2010）从经济发展的角度认为，普惠金融能提高农民收入、消除贫
困，进而扩大内需、改善城乡二元结构，对于中国经济增长方式的转变
和可持续发展具有重要意义。王修华（2012）分析了一个国家或地区
经济发展与收入水平与普惠金融的发展程度密切相关，普惠金融建设的
滞后性容易导致金融资源和风险的过度集中。

2. 普惠金融能为农业、农村、农民和中小微企业提供金融服务

国外学者 Mark Schreiner（2003）等通过研究证明，普惠金融对提
高农民收入、减少农村贫困、填补农村金融服务的空白具有重要作用。
Laeven（2003）提出利率市场化等一系列的金融自由化改革有利于中小
企业融资，而普惠金融正是金融自由化的一个重要体现。Allen 和 Qian
（2005）通过研究发现债务融资仍是企业外部融资的主要渠道，非正规
金融已经在填补正规金融的空白部分。Malesky、Taussing（2006）认为
经济增长与金融发展密切相关，企业的发展是经济增长的重要推动力，
满足企业的融资需求是金融存在的意义。Aghion、Fally、Scarpetta
（2006）通过研究发现，为了促进中小企业的健康发展，必须降低其享
受金融服务的门槛。Miller、Mylenko（2006）等认为要不断扩展企业的
融资形式，减少企业的融资约束。Cull、Kunt 和 Morduch（2008）指出
利率市场化同样适用于为低收入者提供贷款的金融机构，由于这些信贷
机构主要面向低收入阶层和以家庭为基础的微型企业提供金融服务，而
低收入阶层和以家庭为基础的微型企业规模小、收益不确定且风险大，
因而为这些客户提供贷款需要承担较高的交易成本和风险成本。在这种
情况下，只有贷款利率提高到足以弥补业务成本和风险成本，才能使小
额信贷机构具有相应的资本盈利率以吸引逐利资本，而不仅仅是依靠慈
善捐助的不断加入来维持生存，只有这样，小额信贷机构才能持续地向
低收入阶层提供金融服务。Kunt、Beck 和 Honohan（2008）强调，中
小企业既是一个国家潜在活力的表现，也是提高中低收入群体收入水平
的重要组织。如果中小企业受到金融体系的信贷歧视，那么该经济体的
经济增长就会受到影响，收入的分配也会失衡。对中小企业提供金融服

务将使金融体系能更有效地为穷人服务，而且这一过程将使正规金融和非正规金融的联系更加紧密，并给穷人致富的机会。

2.2.2 关于普惠金融体系构建方面的研究

在如何构建普惠金融体系以及构建怎样的普惠金融体系方面，杜晓山（2006）认为应该建立满足或者适应全方位金融需求的、分工科学、功能完善、竞争适度、产权清晰、优势互补、科学管理、监管有效、可持续发展的普惠金融体系。王睿（2008）也认为公平、高效、稳定以及与经济结构具有相容性是普惠金融体系的基本特征。杜晓山（2010）指出构建普惠金融体系要求微观上降低金融服务者的交易成本，宏观上建立适宜的法律和政策框架。郭兴平（2010）通过专题调研分析了信息技术对普惠金融体系构建的重要性，他认为电子化金融服务渠道是建立普惠金融体系的重要突破口。张平（2011）认为构建的普惠金融体系应该让扶贫融资服务渗透到金融体系的所有层面，让那些没有被包含在正规金融服务体系之内的贫困群体得到同等的金融服务。

在 2010 年之后，高水平的普惠金融创新激励原则、金融消费者保护制度和金融教育国家战略开始成为发展普惠金融的三个重要领域，并逐步成为 G20 成员国的共识。如果三者能够有效整合，更会增加金融系统稳定性，提高民众的"金融幸福感"（星焱，2015）。在普惠金融的发展趋势和路径方面，国内学者王安军、王广明（2007）提出了构建普惠金融服务体系的思路，即在金融服务体系的准入和监督等方面设计合理可行的机制，建立能使农民真正获益的金融机构，创建符合我国国情的小额信贷组织，促进贫困地区农村金融改革，建立全面协调发展的农村金融体系。姜风旭（2007）认为普惠金融体系的运行应充分发挥市场机制的作用，同时注重公平，注重业务创新、机构创新、制度创新，深化金融改革。孙少妍（2007）提出普惠金融应走多元化发展模式，而且组织机构形式的创新要配合产品、业务和制度的创新。杜晓山（2009）认为普惠金融应致力于解决金融服务的三大主要问题：如何减少金融服务供给方和客户需求方两者的成本、金融服务怎样惠及更贫困和更偏远地区的客户群体以及如何为大规模群体扩展高质量的金融服务。周孟亮、张国政（2009）认为普惠金融机构可持续发展性、服务的深度和广度与社会福利影响三者关系的协调问题是发展普惠金融要考虑的重点内容，特别是前两者之间的协调发展问题更为关键。蔡彤、唐录天（2010）认为发展普惠金融体系要建立完善的普惠金融信贷扶持政策体系和框架，同时要逐步建立、完善与之相配套的法律法规制度。周兆函（2010）对农村小额信贷的可持续发展提出了若干建议，提出培育农村小额信贷市场服务体系，构建可接受程度的良性竞争的金融市场；完善农村小额信贷的风险分担机制；加强农村小额信贷模式与金融产品创新；完善小额信贷内控机制，控制小额信贷风险。

2.2.3 普惠金融发展的新阶段：数字普惠金融

近几年，随着科技与金融的融合日益深入，普惠金融在数字技术的支持下得以迅速发展，数字普惠金融也得到学者的关注。"数字普惠金融"这一概念的兴起是在 2016 年杭州 G20 峰会后，在 2016 年杭州 G20 峰会上公布的 GPFI 白皮书《全球标准制定机构与普惠金融——不断演变的格局》中对"数字普惠金融"的解释为："泛指一切通过使用数字金融服务以促进普惠金融的行动。它包括运用数字技术为无法获得金融服务或缺乏金融服务的群体提供一系列正规金融服务，其所提供的金融服务能够满足他们的需求，并且是以负责任的、成本可负担的方式提供，同时对服务提供商而言是可持续的。"

数字普惠金融从传统的普惠金融发展而来，其本质是用数字化或电子化方式提供的金融服务（吕家进，2016）。这些数字化或者电子化方式需要信息技术、网络和通信服务、大数据、云计算等相关技术支持，提供电子货币、支付卡和常规银行账户等金融产品和服务。数字普惠金融的发展使金融产品和服务边界不断扩展，与传统普惠金融实现方式相比，具有巨大的优势。首先，从金融服务的覆盖范围来看，数字化手段使人们突破了空间的限制，即使农村地区也能通过手机移动客户端实现转账支付等基础性服务，甚至通过支付宝、微信等第三方支付平台也能方便地获取信贷。因此，数字普惠金融从根本上改变了用户获取金融服务的方式，使金融服务的覆盖范围更加广泛，进一步发挥了普惠金融的长尾效应。其次，从金融服务的运营成本来看，数字普惠金融不需要银行等金融机构通过设置营业网点就能扩大服务范围，从而节省了相应的办公场所、设备和人工等开支。再次，从金融风险的控制程度来看，数字普惠金融通过互联网、大数据和云计算等技术对数据进行提炼分析，金融科技企业能为用户建立基于知识图谱的风险控制体系，从而降低了金融服务的风险。最后，从金融服务的可获性来看，低收入群体、小微企业等由于缺乏抵押担保和健全专业的财务记录难以获得传统金融服务，而数字普惠金融服务可以依据用户的数字化交易平台数据，利用移动互联、大数据和云计算等技术手段，间接刻画用户的信用画像。所以，数字普惠金融提高了社会各群体的金融可获得性，提升了金融宽度。

根据学者的研究，数字普惠金融使普惠金融突破了时间和空间的限制，增强了普惠金融的触达能力，并且在降低金融服务的运营成本的同时，以更可持续的方式和更亲民的价格为消费者提供服务，成为推动普惠金融发展的最佳方式。

2.3　关于区块链技术与应用的相关研究

区块链随着比特币的兴起而备受关注，它作为比特币的底层技术，具有巨大的价值和应用前景。虽然区块链技术的产生和发展离不开比特币，但比特币的区块链技术并不等于区块链技术，它拥有更多种形态、体系、用途和规格的技术。区块链的概念可解释为：区块链是一个去中心化的分布式数据库，该数据库由一串使用密码学方法产生的数据区块有序链接而成，区块中包含有一定时间内产生的无法被篡改的数据记录信息（长铗等，2016）。区块链是一个集成了多方面研究成果的综合性技术系统，而不能简单理解为一个单项的技术，其中包括三项必不可少的核心技术：共识机制、密码学原理和分布式存储。区块链本身具有分布式（distributed）、去中介（disintermediation）、去信任（trustless）、不可篡改（immutable）、可编程（programmable）等特征。区块链技术的本质是一种分布式的可靠数据库，由集体共同参与记账，是通过密码算法并按照交易发生的时间顺序将区块依次链接而形成的一条数据链（孙国茂，2017）。

近几年区块链的发展热潮引起许多学者的关注，涉及区块链技术原理、应用场景、发展趋势、技术缺陷、潜在风险及监管等多个方面。财经杂志《经济学人》在封面文章《建立信任的机器》中对区块链给予了高度评价：区块链技术的影响力远不止于加密货币，区块链让彼此之间没有建立信任关系的人们达成合作，无需通过中立的中央权威机构，它是建立信任的机器。克劳斯·施瓦布（Klaus Schwab）（2016）认为，数字革命正在彻底改变个人与机构之间的互动与协作方式，区块链将提供实现变革的途径，甚至政府部门也可通过区块链征税。Weber 等（2016）在区块链技术基础上开发出一种自动化集成且交易不可更改的程序来建立点对点信任，然后将程序整合至商业合作的进程中，构建智能合约作为逻辑控制，以帮助解决商业合作中的执行和监控等问题，而无需中心化权威机构的帮助。

尽管各国政府和许多学者都认为区块链技术拥有广阔的商业前景，但区块链在商业化过程中仍存在多种技术瓶颈，如大量冗余将提高系统运行成本，交易记录不可逆转将增加修改记录的复杂程度，数据规模与效率不能兼容和难以监管等问题普遍存在，不解决以上问题，去中心化的数字货币将成为区块链技术的唯一应用，而不能在解决其他任何商业问题时提供经济优势（Ammous，2016）。比特币区块链每秒只能处理 7 笔交易，工作量证明耗能高且确认交易完成的速度过于缓慢，大规模应用区块链技术需要一种新的共识机制来代替高耗能的工作量证明机制（Swanson，2015）。公有区块链上每个用户都可参与记录与查看，私有链上的内容只有具有使用权限的用户才可访问，两者的区别在于去中心化的程度不同，在两种方式之间存在一个"部分去中心化"的连续区间，而不是仅有严格的公有或私有之分，Buterin（2015）称其为联盟链，联盟链是公有链和私有链的混合模式，特点是在特定组织内部，每个区块的生成和交易记录由组织内成员共同决定和证明，对于组织外部的成员则类似私有链，只能有限制地参与。Pilkington（2016）认为在现有技术条件下，公有链和私有链都存在严重的缺陷，应用混合模式的联盟链是未来发展趋势。随着区块链技术的发展和广泛应用，政府等中心化权威机构将会失去对区块链应用的控制和治理能力，因此，未来更加需要关注如何应对区块链技术监管问题以及如何规范新兴的去中心化组织（Wright & Filippi，2015）。

总体来看，目前的研究仍处于理论阶段，国内外对于区块链技术的投入使用都已逐渐展开，但尚未有完全落地的成熟应用性成果。现实中，区块链技术的使用逐步从虚拟货币市场升级，迅速应用到全球金融领域的多个方面。短期来看，区块链最有可能实现和大规模应用的是在金融领域，这也是学者研究的热点领域。查阅现有文献，美国区块链科学研究所创始人梅兰妮·斯万（Melanie Swan）于 2015 年首次提出区块链金融的概念，认为在区块链上可以进行任何资产的注册、存储和交易；所有的资产都将变成数字资产，都能直接在区块链系统上被跟踪、控制、交换和买卖，实现真正的万物互联。国内学者周永林（2016）随后引入区块链金融概念，认为区块链金融通过数字货币与传统金融机构对接，将彻底颠覆现有金融支付结算体系，同时也为初创企业众筹资金带来新的重大变革。李扬（2016）进一步对区块链金融的内涵进行探究，认为区块链金融利用数字货币充当价值交换的媒介，嵌入智能合约的数字货币将实现价值交换的智能化、便捷化；区块链金融的发展意味着价值互联网时代的到来。张荣（2017）在实践上提出区块链金融的总体架构，并认为区块链将重塑征信体系、助推传统金融机构转型、推动消费金融创新发展、改造互联网金融从业机构。鲜京宸（2017）

认为"区块链+互联网金融"的新型业务模式通过改变金融参与主体权益，打破金融垄断局面，为新型金融机构提供更多的选择权，实现了对信用体系建设和金融风险防控的颠覆和重塑。在证券业，区块链技术也将成为一种颠覆性的技术，可应用于证券登记与发行、证券清算和结算等业务，有望低成本、高效率、高安全地解决证券行业的信任问题（龚明，2016；孙国茂，2017；任春伟、孟庆江，2017）。

在征信领域，从理论上讲，区块链也有重塑现有征信体系的潜力。目前关于区块链技术应用在征信业方面的研究比较少，处于起步阶段。王强等（2017）认为区块链可以在征信的数据共享交易领域着重发力，基于区块链构建了征信数据共享交易平台，并提出了两种共享交易模式：一是征信机构与征信机构共享部分用户信用数据，二是征信机构从其他机构获取用户信用数据并形成相应信用产品。张忠滨、刘岩松（2017）认为区块链应用在征信业可以有两种模式，一种是数据交换模式，另一种是共建共享数据平台模式。但是区块链应用于征信业的道路任重道远，存在着私钥泄露或丢失、保障数据安全难度大、用户"被遗忘"的权利与区块链无法篡改的特性存在冲突、与现有监管体系存在矛盾等问题（王强等，2017）。

2.4 相关研究评述

虽然普惠金融理念提出的时间不长，但已经得到了世界各国的广泛关注，相关文献研究成果也较多。一方面，从目前国内外学术界理论研究的成果来看，学者们还没有围绕"普惠金融"这一概念构建一个系统完整的理论体系，但普惠金融一直被视为可以解决贫困问题、促进经济增长、实现包容性社会的一种重要机制，并且已经成为发展经济学、制度经济学、福利经济学等学科的重要研究内容（星焱，2015）。国外学者在普惠金融领域里进行理论探索及实证分析的基础上提出的许多观点或建议对于一国如何构建有利于减缓贫困及改善收入分配的金融体系具有重大的启发意义，这些理论研究成果完全可以作为促进一国普惠金融发展的对策。另一方面，随着普惠金融的发展，各国也开展了不同程度的实践，有着不同的实践路径。目前，互联网金融受到了国内外学术界及社会各界人士的广泛关注。可以说，互联网金融是普惠金融发展创新的重要途径。

学术研究表明，征信市场中信息共享能够有效减少逆向选择和降低道德风险，而且能够提高个人和企业的贷款可得性，减少企业的贷款成本，实现福利最大化。本书认为征信体系作为推进普惠金融发展的重要基础设施，推进征信体系的完善不但是我国经济发展和金融发展的迫切要求，也是发展普惠金融这个国家级战略的前提。但是关于征信系统共享哪些信息、框架机制如何设计、如何实现征信推动普惠金融发展等方面研究不多。现有的征信体系中信用信息数据孤岛、信用数据低质和信用数据泄露等问题阻碍了征信业的发展，如何解决这些问题也成为征信机构和学者的关注所在。而随着区块链技术的兴起，对征信来说，区块链作为一种去中心化的分布式数据库技术，信用信息的收集和存储变得触手可得。征信业现有的问题可以通过区块链技术解决，通过区块链技术分中心化的互助协作、全网记账体系，来构建普惠式的信用体系，利用区块链的开放民主的高度共识和集体维护的机制来建立开放式的信用系统。这种普惠式的信用体系的构建是发展普惠金融的根本途径，本书在普惠金融的视角下来研究区块链征信，不仅有着重要的现实意义，而且能够弥补对征信创新与发展方面的研究不足。

第3章 区块链技术应用于征信
体系的理论基础

3.1 信息经济学视角下的区块链征信

信息经济学是针对"信息"这一对象分析如何优化资源配置的交叉学科，是有关非对称信息下交易关系和契约安排的理论，信息不对称理论作为该学科领域中最重要的一个研究方向，一直以来备受学术界的关注。其实，经济学家最初对"信息"的作用是忽视的，例如古典经济学家就把信息是充分的、对称的作为分析市场的前提条件，在这种条件下，市场在"看不见的手"的作用下达到供需平衡，进而达到资源配置的最优化。但这一条件与现实生活差异太大，许多经济问题在这一条件下无法得到解决，在古典经济学逐渐成熟之后，哈耶克、威廉·鲍莫尔（William Baumol）、赫伯特·西蒙（Herbert Simon）、乔治·斯蒂格勒（George Stigler）等学者都对此提出了质疑。学术界对信息不对称的问题进行系统研究是从乔治·阿克洛夫（George A kerlof）在1970年发表的经典论文《"柠檬"市场：质量不确定性和市场机制》开始的，阿罗（Arrow）、赫什雷弗（Hirshleifer）、斯彭斯（Spence）、格罗斯曼（Grossman）、斯蒂格利茨（Stiglitz）等经济学家在劳动力市场、保险市场以及金融市场等很多领域对这一理论进行了拓展性研究。2001年，乔治·阿克洛夫（George Akerlof）、迈克尔·斯彭斯（Michael Spence）和约瑟夫·斯蒂格利茨（Joseph Stiglitz）三位美国经济学家由于对信息不对称理论的研究被瑞典皇家科学院授予诺贝尔经济学奖。

信息不对称理论是征信产生的重要理论基础，征信则为信息不对称问题的解决提供了重要的途径。

信息不对称理论是指在市场经济活动中，各类人员对有关信息的了解是不对等的，有信息优势的一方往往处于比较有利的地位；而信息劣势的一方则处于比较不利的地位。具体来讲，在市场交易中，卖方对产品的各种信息比较了解，作为信息优势者会通过向买家传递可靠信息而在市场中获益；买家在交易中也会努力从卖方获取信息。

许多学者对信息不对称产生的原因进行了探究，基于信息经济学原理，本书认为造成信息不对称的原因可归结为主观和客观两个方面。从主观方面来看，不同经济个体对信息获取、加工、处理和决策的能力差异较大；在客观方面，一是经济个人获取信息的数量和质量受社会分工、信息传导机制等多种社会环境因素的影响，二是信息的准确性和有效性受时间和空间的双重限制。因此，从理论上讲，信息不对称是永远存在的，具有客观性。

1. 信息不对称会导致逆向选择和道德风险

（1）逆向选择

逆向选择模型最初由乔治·阿克洛夫在 1970 年发表的经典论文《"柠檬"市场：质量不确定性与市场机制》中提出。所谓"柠檬"，俗称"次品"。这篇论文主要研究了二手车市场上的逆向选择问题，即由于信息不对称，市场上处于信息劣势的消费者无法确定二手车的质量，因此，消费者倾向于大幅压价，甚至低于卖家的收购价。在这种情况下，卖家通常会采取以次充优的手段满足低价位满足。结果，低质量的车把高质量的车逐出市场，从而使得旧车质量越来越差，市场运行失效。

在金融市场中也存在逆向选择的问题，以银行信贷市场为例，假设这个市场中有"守信"和"不守信"的两种借款人，而且"守信"的借款人是低风险偏好者，即只愿意接受较低利率，而"不守信"的借款人是高风险偏好者，即愿意接受超出自己还款能力的高利率。此时，由于借贷双方的信息不对称，如果没有征信体系提供有价值的信息，作为贷款银行就不能准确地掌握借款人还款意愿和还款能力。在这种情况下，贷款银行通常会有两种选择，第一种选择是贷款银行根据投资项目的平均风险水平决定贷款利率，这样，"守信"的借款人尽管风险低于平均水平但因收益率较低银行不愿贷款给他，而"不守信"的借款人愿意支付较高利率费用但风险水平高于平均水平的项目，最终的结果是大部分银行把资金借给了有高风险项目的"不守信"的借款人。第二种选择是由于信息不对称，银行从客户处收取一定的信息租金①，以弥补由此可能造成的损失。如果银行提高的利率超过了"守信"的借款人愿意承受的程度，他就会放弃贷款，而"不守信"的借款人仍会接受提高过的利率，继续成为贷款人的客户，这样，贷款人的信用风险上升。所以，不管是第一种选择还是第二种选择，都会产出"逆向选择"问题，致使银行贷款的平均风险水平提高，平均收益反倒降低，呆坏账增加。

通过分析可知，"逆向选择"问题的产生本质上是由于交易双方事前信息不对称，各自采取了有利于自己的行动，从而使整体利益受损。

（2）道德风险

道德风险是指交易双方在达成契约后，由于一方缺乏另一方的信息，这时拥有信息方就可能会利用信息优势，从事使自己的利益最大化，而损害另一方利益的行为，即信息优势方事后机会主义行为给信息劣势方带来的风险。

以银行借贷市场为例，借贷行为发生后，在没有事后监督和信用奖惩机制的约束下，借款人可能会改变事前承诺的借款资金用途，从事更加冒险的行为；借款人也可能会利用银行监管放松的事实，做假账转移利润，用破产、合资等方式逃避银行债务，从而提高违约概率，这就是道德风险。在这里，由于贷款机构银行无法观察到借款人在借贷合约产

---

① 信息租金是指贷款机构凭借自身对中小企业信息的垄断而获取的一种超额利润，贷款机构的利润等于市场平均利润加上信息租金。

生后的"隐蔽行为",所以会面临损失的可能。

总之,交易发生后,有信息优势的一方拥有独占性的私有信息是道德风险产生的关键。

2. 信息不对称与征信

信息不对称导致道德风险和逆向选择,它们的共同作用是产生了高风险的违约概率,使契约双方都面临超常的信用风险,降低了市场的运作效率。信息的非对称性与交易行为的透明度和信息传递机制密切相关,当信息的透明度低时,会出现授信者受损,失信者受益的"格雷欣法则";当信息的透明度高时,交易双方都能搜集到足够的信息以判断交易对手的信用状况,从而制定出正确的信用决策。

要解决信息不对称问题所产生的逆向选择和道德风险问题,就必须增加交易行为的透明度,健全交易中的信息传递机制和信息甄别机制,其核心是建立信息共享机制,提高可获取信息的数量和质量,征信体系的建立则提供了一个信息共享的平台。借助征信,贷款人在放贷之前便可以掌握更多的借款人信用信息,能够更精准地对借款人的债务偿还能力和风险评级,并据此判断是否给予贷款及贷款金额的多少和利率的高低。如果贷款人根据其掌握的信息对信用差或隐瞒信息的借款人进行贷款限制,而对那些信用好的借款人通过降低信息租金给予贷款优惠,那么借款人就会自觉维护其自身信用,并积极主动地利用征信体系提供的信息共享平台向贷款人传递"自身信用良好"的信号,从而形成一种良性循环,逆向选择问题和道德风险问题随之得到解决。

现代经济的核心是信用经济,授信市场包含的范围非常广泛,除银行信贷外,还包括大量的授信活动,如企业和企业、企业和个人、个人与个人之间的授信活动,一些从事授信中介活动的机构,如担保公司、租赁公司、保险公司、电信公司等在开展业务时,均需要了解受信方的信用状况。征信体系的建立和完善,可以使更多的个人信用信息变成公共的信息,使得借贷双方的信息不对称问题有较大的改善,能解决逆向选择问题。同时可以将市场参与者的信用交易记录联系起来,该信息通过信息平台可多次利用,将信用双方的博弈行为进行连接,使机会主义行为自觉减少，交易双方自律性提高，道德风险问题从而得以解决；交易成本降低，整个社会资源配置得到优化，社会福利增加。

3.2 交易费用视角下的区块链征信

交易费用理论是整个现代产权理论大厦的基础。该理论认为，企业和市场是两种可以相互替代的资源配置机制，由于存在有限理性、机会主义、不确定性和小数目条件使得市场交易费用高昂，为节约交易费用，企业作为代替市场的新型交易形式便应运而生。交易费用决定了企业的存在，企业采取不同组织方式的最终目的也是为了节约交易费用。

交易费用理论的核心是交易费用的节省。由于市场交易费用的存在，导致经济资源配置效率的降低。征信作为信用信息共享的平台，一个有效征信系统能大大节约市场交易成本。

3.2.1 交易费用

1. 科斯的交易成本理论

交易成本最早由诺贝尔经济学奖得主罗纳德·科斯提出。1937年科斯在他发表的经典论文《企业的性质》中，提出了市场成本即运用价格机制的成本这一概念，它所包含的内容正是交易成本的内容。科斯写道："利用价格机制是有成本的……市场上发生的每一笔交易的谈判签约条款的费用也必须考虑在内。"科斯于1960年发表的《社会成本问题》一文中，对交易成本的内容作了进一步的界定，即"为了进行市场交易，有必要发现谁希望进行交易，有必要告诉人们交易的愿望和方式，以及通过讨价还价的谈判缔结契约，督促契约条款的严格履行，等等。这些工作常常是成本很高的"。科斯大体上认为，市场交易成本包括发现和通知交易者的费用、谈判费用、签订合同以及保证合同条款的履行而进行必要检查的费用等。

2. 威廉姆森的交易成本理论

完整的交易成本理论是由威廉姆森等人在科斯的理论基础上建立和

发展起来的。威廉姆森将交易成本分为事前交易成本和事后交易成本两大类，包括搜寻成本、信息成本、议价成本、决策成本和违约成本。他认为，实际的人都是契约人，他们无时无刻不处于交易中。契约人的行为特征，体现在这样两个方面：第一是有限理性，第二是机会主义。

有限理性意味着人在知识、预见力、技能和时间上是有限度的，这样在面对现实复杂性和不确定性时，人们不可能在签约阶段便能考虑所有的可能性以及相应的调整方案，这必然增加了交易成本，包括计划成本、适应成本、监督成本。

机会主义即为"狡诈地追求利润的利己主义"，包括投机取巧、见机行事、有意隐瞒或歪曲信息等多种形式。机会主义分为事前机会主义和事后机会主义，前者以保险中的逆向选择为典型，后者以保险中的道德风险和代理成本为典型，机会主义的一个直接结果是合同风险。

威廉姆森还定义了影响交易成本水平的三个性质：资产专用性、不确定性和频率。资产专用性是指一项资产可调配用于其他用途的程度，或由他人使用而不损失资产价值的程度。资产专用性至少可以分为五类，即：①地点的专用性；②有形资产用途的专用性；③以边干边学方式形成的人力资本用途的专用性；④奉献性资产；⑤品牌资本。有限理性和机会主义对交易成本的影响是以资产专用性条件表现出来的，它们之间的相互作用决定了交易成本的大小。

影响交易成本的第二个性质是交易中不确定性的大小，它和有限理性密不可分。事实上，不确定性是引起有限理性的主要原因，它包括能够预料到的偶然事件的不确定性，也包括其性质在事前只能大致推测的偶然事件的不确定性，还包括一方拥有另一方所缺少信息的这类不确定性。

最后一个性质是交易的频率。交易频率是指交易发生的次数，如果双方的交易次数多且正常，那么，就很值得双方花费资源去作一个特殊安排。尽管这种特殊安排可能花费不少资源，但这种花费可以分摊到大量不断进行的交易中去，因此，相对交易成本便下降了；反之，如果双方的交易是"一锤子买卖"，那么，花费资源去设计专门为双方服务的交易机会就划不来了。可见，交易频率通过影响相对交易成本，从而影响到交易方式的选择。

科斯在《企业的性质》中将交易费用解释为"利用价格机制的成本"，同时认为企业组织作为市场的替代者同样存在"管理费用"；阿罗在定义交易费用时指出，交易费用是"经济制度运作的成本"；威廉姆森则把交易成本规定为经济系统运作所需要的代价和费用；诺斯将交易费用定义为包含经济从贸易中获取政治和经济组织的所有成本，是在"鲁滨逊"经济中不存在的所有成本；巴泽尔将交易费用定义为与转让、获取和保护产权有关的成本；埃格特森的定义是"个人交换他们对于经济资产的所有权和确立他们的排他性权利的费用"。

3.2.2　信用交易成本

1. 以交易费用理论为基础的科斯定理

科斯在其另一篇经典文献《社会成本问题》中，以交易费用理论为基础，研究了发端于"外部性"的产权问题。由于外部性的存在，私人成本与社会成本发生偏离，从而使市场效率受到严重影响。有效的产权制度则可以实现由外部性导致的潜在经济利益。科斯关于产权的思想被概括为科斯定理。首先，在交易费用为零的假设世界里，交易各方通过谈判可以导致财富的最大化安排，而这与权利的初始分配无关。在交易成本为零的情况下，无论产权的初始界定如何，自由的市场交易都可以最终实现资源的最优配置。其次，在交易成本大于零的现实世界里，产权的初始配置不会通过交易达到权利的最优配置，这时产权的初始界定便会对效益产生影响；选择有效的产权交易方式可以降低交易费用，提高经济效益。科斯的分析说明了明晰的产权制度的功能在于降低交易费用。最后，在交易成本大于零的情况下，产权的清晰界定可以降低交易成本，改进经济效益。这一表述又被称为科斯第三定理。它表明了产权界定的清晰程度与经济效益的关系。

2. 交易费用基础上的信用交易成本

信用交易成本，从广义上讲是指为维持和实施一种信用制度而安排的各种规则所发生的费用。从狭义上讲信用交易成本是指市场行为人为避免个人利益受到侵害，提高对他人行为的预见性而支出的成本，它包括预防成本和搜寻成本。信用交易成本一般包括以下几个方面：

第一，建立信誉的成本。经济单位之间在生产和交易过程中建立信用关系是需要投入、付出代价的。

第二，为防范失信风险而付出的成本。如制定契约、规则以及建立相应的管理机构和执法机构都要投入一定的资源。

第三，为矫治失信而付出的成本。如对失信案件的侦察、取证、诉讼、法庭审判及判决后的执行等都要付出一定的成本。

第四，由失信而造成的直接或间接的损失也可以看做是付出的信用成本。一般来说，这方面付出的信用成本和代价往往是最大的。有人认为，安然事件、世通破产、安达信造假、华尔街丑闻等一系列缺乏诚信的商业欺诈行为对美国经济和社会造成的伤害远比"9·11"事件要严重得多。

实际上，不论是从付出成本的角度看还是从所得收益的角度看，信誉价值的升降幅度要比技术价值的升降幅度大得多，信用对成本及效率的影响往往是超常的。

因此，在征信领域中，交易成本理论主要运用于分析诚实守信的积极意义及失信行为产生的原因，也为征信制度建设过程中引入失信惩戒机制提供了理论依据。

3.3 声誉理论与区块链征信

近年来，声誉理论越来越受到人们的普遍关注，在一些主流经济学刊物中该理论甚至被称为自20世纪80年代以来人类学最重要的理论之一，声誉理论不仅在模型及研究方法上日臻成熟，而且由于在一些其他社会科学领域（如政治学、社会学等领域）中的成功应用，使得它正成为经济学乃至一些其他社会科学研究中强有力的一种分析方法和分析工具。

3.3.1 声誉的含义

"声誉"一般是指荣誉、名声，也有信誉的含义。经济学中所谈的"声誉"更多的是指：在行为人之间存在着信息不对称的情况下，个人或组织为什么要建立和维持着一种声誉，并且声誉又是如何对行为人或组织产生激励作用的。美国传统字典对声誉的定义是："声誉是公众对某人或某物的总体评价，是归属于某人或某物的独有的特征或特质。"在线牛津英语字典对声誉的定义更为具体："声誉是公众对于某人性格或其他品质的总体评价，是对某人或某物的相对评价或尊重。"声誉理论主要探讨的是，声誉作为一种激励机制，它对组织或个体的激励效应如何。

3.3.2 声誉理论的发展及作用

信誉和法律是维持市场交易秩序的两个基本机制，存在正式合同的交易行为主要由法律规范和约束，而许多无法通过法律机制来执行的非正式合同的交易行为则由信誉机制来保证完成，因此信誉可理解为为了获得交易的长远利益而自觉遵守合约的承诺。从经济学意义上讲，交易双方只有形成了良好的信誉机制才能以较低的交易成本进行交易，授信方才愿意为受信方提供更多的信用服务，形成更多的社会信用资源。

1. 声誉理论对企业发展的作用

企业的声誉属于无形资产范畴，它可以被当做一种有价的可交易的资产，企业经营能增进或损害其声誉，从而会影响到企业利益相关者的利益。对于一个顾及长期利益的企业而言，如果一旦失去维持其声誉的动力，那么它就不再被公众所信赖。因此，企业出于未来收益的考虑，会尽力维持其声誉。好的声誉价值是随着它被使用的次数增多而增加的。

声誉是企业信用积累的结果，信用对于企业的重要性在于：促进企业的国际化经营；消除信息不对称带来的"道德风险"和"逆向选择"等；弥补因为契约的不完全性和事前性带来的"合作陷阱"；降低交易费用，增强企业的市场活力；降低企业经营风险，提高企业运作效率；等等。

2. 声誉理论在欧美信用市场的发展及作用

欧美发达国家的信用市场经过数百年的培育和发展，形成了比较完善的信用体系和管理机制。一方面，长期的市场竞争和交易制度的完善培育了良好的信誉机制和信用环境，在这样的市场环境下留在市场上的企业绝大多数都是信誉好、市场成熟度高的企业。另一方面，这些国家大都以立法的形式保证了信息披露公平、公正和及时，并通过完善非政府的市场信息披露和社会信用评级体系，进一步增强了市场的公开和透明，最大限度地降低了信用交易双方的信息不对称，使授信方能够更加准确地掌握受信企业的信誉、信用状况，从而以较低的成本和较高的准确性甄别出不同信誉价值的企业类型。上述两个方面使信用市场中的违约率大大降低，同时也使授信方判断的受信企业违约概率维持在较低水平上。

3.3.3 声誉模型

1. 声誉模型的条件假设

假定博弈参与人是信用交易活动的双方，即授信人和受信人。授信方是合作型的，不会利用机会主义行为来侵害受信方的利益，一旦把信用提供出去，在信用活动中的义务，影响信用活动结果的只能是受信方，这要依据受信方是否守信、是否遵循信用合同的意愿和能力而定。受信方具有能保持与授信方合作的优势，授信方的行为对于受信方而言是属于公共信息或共同知识（common knowledge）。另外假定受信方有两种类型：一类是守信型的，另一类是不守信型的。受信方属于何种类型只有他自己知道，对授信方而言，这是私人信息（privilege information），但授信方可以通过观测合作互动行为来推断受信方的类型并修正对受信方的判断。若受信方失信行为损害了授信方的利益，授信方就会解除合作契约关系，并将一直与受信方不合作，并且其他的授信方在掌握受信方不守信信用记录的情况下，也会采取与受信方不合作的策略；否则，双方继续合作。

2. 声誉模型的单阶段博弈

假定 V 为受信方失信时的超额收益率（若信用双方都严格信守合同双方将获得正常收益，若受信方不信守合同其将获得超额收益），V^e 为授信方预期受信方的收益率。用 $a=0$ 代表守信型的受信方，$a=1$ 代表不守信型的受信方。假定受信方的单阶段效用函数（这里指超额效用）如下：

$$U = -\frac{1}{2}V^2 + a(V - V^e)$$

若 $a=0$，只有当 $V=0$ 时（受信方只获得正常收益没有超额收益），才能使其效用最大化，也就是说，对于守信的受信方而言，守信是他的最佳选择。若 $a=1$ 时，即受信方为不守信型，在单阶段博弈中的最优条件为：

$$\frac{\partial U}{\partial V} = 1 - V = 0$$

不守信的受信方最优超额收益率为 $V=1$，此时 $a=1$，即在一次性博弈中，理性的不守信受信方是没有必要合作的。

3. 声誉模型的 T 阶段重复动态博弈

设授信方对 $a=0$ 类型受信方的先验概率为 P_0，则 $a=1$ 类型的先验概率就为 $1-P_0$。假定博弈重复 t 阶段，令 Y_T 为 T 阶段受信方选择守信的概率，X_T 为授信方认为受信方守信的概率。在均衡的情况下，$X_T = Y_T$。

如果在 T 阶段授信方没有观测到受信方的失信行为，那么，根据贝叶斯法则，授信方在 $T+1$ 阶段认为受信方守信的后验概率为 P_{T+1}，不小于 T 阶段受信方守信的概率为 P_T，所以，如果受信方本期选择守信，那么授信方认为受信方在下期守信的概率是会增大的。同样，如果受信方本期选择不守信，则授信方下期认为受信方守信的概率 P_{T+1} 为零。也就是说，若受信方本期不守信，授信方就推断出受信方是不守信的，从而在下期（$T+1$ 期）受信方可能就会失去与授信方合作的机会。因此，不到最后阶段，受信方不会选择失信行为。

在 T 阶段(最后阶段),受信方没有必要再树立守信的声誉。因此,受信方的最优选择是 $V_T = a = 1$,授信方预期受信方的收益率为 $V_T^e = 1 - P_T$,受信方此时的效用水平为:

$$U_T = \frac{1}{2}V_T^2 + a(V_T - V_T^e) = -\frac{1}{2}\left[1 - (1 - P_T)\right] = P_T - \frac{1}{2}$$

因为 $\dfrac{\partial U_T}{\partial V_T} = 1 > 0$,不守信型受信方最后阶段的效用是声誉的增函数,即以前良好声誉积累越多,最后阶段的效用越大。如果没有相应约束机制,在最后的预期内,受信方就会产生失信行为。

3.3.4 声誉理论在信用市场中的评价与分析

1. 声誉理论在我国信用市场中的现状

一方面,我国还没有形成真正意义上的相对完善的市场经济体系,特别是以信用服务为主的金融业,国家一直对该行业实行了比较严格的控制,从而造成银行信贷主体在具体工作中一味偏紧,同时符合市场经济条件的信用约束机制还没有建立,导致国有信用主体在这样的信用环境下,很难在较短的时间内通过竞争建立起良好的信誉机制。另一方面,我国一直没有建立和完善市场经济发展所需要的信息披露制度,造成信息供给的严重短缺。另外,由于立法及执法体系不健全,企业及个人制造虚假信息几乎不受成本约束,造成信用市场中的虚假信息普遍存在。

2. 通过声誉模型对声誉理论的分析

通过模型可以看出,如果受信方参与的信用交易活动是一次性的,那么不守信型受信方不会守信,会违反信用合同规定,做出损害授信方利益而使自己利益最大化的举动。如果受信方涉及的信用活动是多期的,即使是本质上不守信的受信方,为了追求长期的利益,也会在自己最终的信用活动结束以前一直采取守信的策略,扮演一个守信的合作者,以建立良好的合作声誉,为今后的信用活动打下基础。只有在受信方决定不再参与信用活动的情况下,受信方才会把自己过去树立起来的良好声誉用尽，出现损害和侵占授信方利益的行为。

在信用活动中，受信方如果与同一个授信方发生信用交易，就会出现"单阶段受信方失信，多阶段受信方守信"的情况。在现实生活中，与受信方进行信用交易的对象不一定是同一个授信方，如果每次都与不同的授信方合作，那么在授信方不了解受信方以前信用状况的情况下，每一次都可能被受信方认为是第一次合作，受信方都可以如单阶段模型所示，采取不守信行为，侵占授信方利益。

为了让受信人采取守信策略，必须成立第三方机构，让授信人了解受信人以前的信用状况，为其提供是否与其进行信用交易的决策依据。如果受信人每一次信用履行情况都被记录下来并被授信人方便地检验，这样受信人每一次信用行为都将变成长期连续的过程，其以前的信用记录将影响和决定其今后的信用活动，以前树立的良好声誉将有利于以后的信用活动；相反，不良信用记录将阻止今后信用活动的发生。征信机制便是顺应这一需求而诞生的中介机制，有了征信机制的约束，授信人可以通过征信机构了解受信人的信用状况，受信人的信用行为可以被记录下来，起到约束受信人长期信用行为的作用。

由于我国征信体系不健全，企业和个人制造虚假信息几乎不受成本约束，造成信用市场中的虚假信息普遍存在。信息供给的严重短缺和虚假信息的普遍存在，使我国信用市场中交易双方的信息不对称程度大大超出一般市场经济国家的正常水平。因而，在我国信用市场中，绝大多数受信企业的信誉价值都低于其违约收益，不讲信誉的企业及其信息租金大量存在，违约率相当高。

3.4 产权理论与区块链征信

产权的定义很多，如在《大不列颠百科全书》中，"property"不仅是产权的客体（财产），而且是"指人与人之间对物的法律关系的综合"；《新帕尔格雷夫经济学大辞典》中，产权是"一种通过社会强制而实现的对某种经济物品的多种用途进行选择的权利"。目前，一个被广泛认可的产权定义为：产权不是指人与物之间的关系，而是指由物的存在及关于它们的使用所引起的人们之间相互认可的行为关系①。产权是一组行为性权利，即包含所有权、使用权、决策权、转让权和收益权等权利的一个"权利束"。产权经济学认为，经济学要解决的是由于使用稀缺资源而发生的利益冲突，必须用这样或那样的规则即产权来解决。交换的实质不是物品、服务的交换，而是一组权利的交换。所交易的物品价值，也就取决于交易中所转手的产权的多寡或产权的"强度"。市场分析的起点，不在于回答人和物的关系是什么，而是要回答由于物的存在及其使用所引发的人与人之间由社会规定的关系是什么。

从理论上来说，产权有三个基本功能，第一个功能是使外部性内在化。当存在外部性而引起市场失灵时，通过将外部费用引进到价格中，从而激励市场中的买卖双方做出理性选择，生产或购买更接近社会最优的量，纠正外部性的效率偏差。第二个功能是激励和约束功能。产权的激励功能是通过利益机制得以实现的，如果产权受到威胁和没收，就会造成人们对未来预期的不确定性。产权关系既是一种利益关系，又是一种责任关系，产权的界定保证了人们以某种方式承担他们行为的成本，对人们的行为有着约束的作用。第三个功能是资源配置功能。产权理论认为人们在交易中所转让的是资源权利的转让而不是物品本身，而且交易过程中存在交易费用，那么明确界定的、可转让的产权就会降低交易费用，提高资源配置效率。

目前，数据所有权基本归属于各大互联网公司，同时，数据权限是错配的，从时间和空间的角度来说，互联网公司可随意进行商业化的应用。作为消费者，我们难以控制自身的隐私数据，更谈不上授权。另外，互联网公司通过生态闭环的方式，对用户的数据进行获取以后，通过多个渠道来进行变现，由于互联网长尾市场的存在，使数据获取成本趋向于免费，数据市场的垄断也让互联网公司赚得盆满钵满。进而，互联网公司开始进入恶性循环状态，利润丰厚让其拥有更强大的话语权和

---

① 卢现祥. 新制度经济学 [M]. 武汉大学出版社，2011：62.

更重要的社会地位，逐渐地，其可能凌驾于用户之上。毋庸置疑，个人数据的保护是一切信用信息生产和收录的基础，也是将来我国重要的数字资产的来源，也有利于征信机构信用生产成本的降低和效率的提升。在"互联网+"和普惠金融的当前发展趋势下，区块链技术能帮助消费者确立自身的数据资产主权，清晰确定的信用资产产权是市场交易的前提，这有利于提升数字财产的价值，进而使人们保护个人信息产权的意识不断深化。

第4章 普惠金融视角下国内外征信体系运行状况

4.1 国外征信行业运行状况及经验

近20年来，为加强各国金融基础设施特别是征信体系的建设，世界银行在世界各国特别是新兴市场国家大力推动征信体系建设。世界银行《2015年全球营商环境报告》调查显示，截至2014年底，在参与调查的189个国家中，依靠中央银行建立征信系统的国家有58个，通过市场化建立征信机构的国家有94个，两者皆有的国家有28个，相比2004年的统计数据此数据增长了一倍多。

个人征信系统在建设中形成两类不同的发展模式：由中央银行建立的信贷登记系统和由市场化征信机构建立的征信系统。信贷登记系统建立的初衷是服务于央行金融监管，一般在《中央银行法》或《银行法》中强制要求被监管的机构报送数据并进行共享；而市场化征信机构则是随着信贷市场发展的需要自发形成的，数据上报多为放贷机构自愿报送，征信机构以向市场用户提供多样化的征信产品和服务为目的，广泛收集个人的信用信息。这两种模式都有各自的优势，二者的业务发展也有趋同的趋势。

4.1.1 美国征信：市场主导模式

在美国，征信机构保持自身的独立，但是受到政府和美联储的监管。征信机构向市场提供的信用信息产品和服务要收取一定的费用，即以营利为目的，按照市场化运营。美国征信机构中影响力最大和占据大部分市场份额的三大个人征信机构为益博睿（Experian）、艾克飞（Equifax）、环联（Trans Union），企业征信机构为邓白氏（Dun & Bradstreet）等。

1. 美国市场化征信模式的发展

美国第一家市场化征信机构于 1860 年在美国纽约的布鲁克林成立，早于《公平信用报告法》（*Fair Credit Reporting Act*，FCRA）的公布近100 年。随着第二次世界大战后消费信贷业务的快速发展以及 20 世纪50 年代银行信用卡业务的出现，征信机构的发展步伐大大加快。20 世纪 80 年代至 21 世纪初，银行开始跨区经营并大举并购整合，加之信息技术的快速发展，征信机构之间经过并购整合，全国性大型征信机构占据了市场的大部分份额。目前市场主要由三家全国性大型征信机构占领，此外还活跃着上百家同样受《公平信用报告法》监管的其他征信机构，包括信用报告分销商、专门采集和共享一些特殊领域信息（如支票账户信息/发薪日贷款等）的特殊征信机构等。

美国征信行业在发展初期对消费者来说非常隐蔽，因为征信机构的主要客户是银行或零售商。消费者并不知道自己的信息被共享，也从来没有获取过自身的信用报告。随着信息化技术的发展，征信行业逐渐由手工纸质转向计算机处理，信息报告所含的信息量及传播速度大大加快，影响范围和影响力也大大提高。由于征信机构出具的信用报告存在信息不准确或存在偏见的情况，在法院引起很多诉讼案件的发生，社会关注度快速提升。美国国会意识到规范信用报告行业发展对于维护信贷市场稳定和保护个人隐私至关重要，因此在 1970 年 10 月 26 日出台了《公平信用报告法》，专门对征信行业进行立法监管。

《公平信用报告法》是美国针对信息产业的第一部法律，征信机构是出于数据保护而受监管的第一类产业。美国也成为第一个专门针对征信业立法的国家，后来也成为很多国家效仿的对象。随着 1996 年的《消费者征信改革法案》、1998 年的《消费者征信就业澄清法》、1999

年的《金融服务现代化法案》、2003 年的《公平和准确信用交易法》的出台，美国对《公平信用报告法》进行了几次大的修订，主要是增加了征信机构、数据上报机构和信息使用机构的义务，同时赋予了消费者更多的权利，简要介绍如下：

一是征信业务规则逐步明确，参与方义务加强。1970 年出台的《公平信用报告法》，要求征信公司以最大可能保证信用报告内容的准确性，但对于数据上报机构和信息使用机构相关责任没有明确。由于没有规定信息提供方有关确保数据质量和履行更正的义务，关于异议处理的具体要求没有细化，导致信用报告中错误信息的异议更正周期过长。1996 年的修订版规定了数据上报机构有确保数据准确、及时更正错误并通知所有征信机构的义务，关于异议的处理时限也进行了明确，规定错误信息必须在 30 天内消除。1970 年立法时对于信息合法披露的目的进行了规定，但内容较少，后续的修订对可允许披露的目的进行了补充，特别是由于信用报告能否用于商业目的引发了热议，1998 年的修改内容指出如果没有消费者的明确同意和书面授权，任何人不能出于商业目的获取信用报告。1999 年的修订内容还指出，信息使用机构如果要与附属机构共享信用报告信息，需要告知消费者并赋予其退出的权利。

二是加强了消费者的各项权利。1970 年的《公平信用报告法》仅规定了消费者可以获取自身信用报告，2003 年对此权利进一步加强，规定消费者每年可以从征信机构获得一份免费信用报告。对于信用报告中不准确的信息，消费者可以向征信机构提出异议申请。1996 年修订版增加了数据上报机构的责任，支持消费者直接向数据上报机构提出异议申请。《公平信用报告法》发布初期，信用评分还不为消费者和监管者所知，直到 20 世纪 90 年代中期，信用评分在住房抵押贷款中被广泛应用，信用评分才逐渐被大众知晓。2003 年的修订版赋予了消费者获取评分及相关信息（包括评分的信息来源、影响因素、征信机构联系方式等）的权利，不仅规定信息使用机构因信用报告的内容对消费者做出拒贷需告知消费者，还增加了因信用报告内容对消费者进行风险定价（如提高利率、保费等）需告知消费者的规定，这样做主要是考虑到这种情况虽未形成拒贷等后果，但对消费者还是造成了一定程度的影响。此外，为了应对广泛关注的身份欺诈问题，2003 年一项重要的修订是关于身份欺诈预警，一旦消费者怀疑自己成为诈骗受害者，可以在信用报告中添加预警信息，并免费获取一份信用报告。消费者还有权申请信用报告安全冻结服务，停止信息更新和对外查询，防止因身份被盗用对其带来的不利影响。

总体来看，美国目前的征信体系有着完善的监管和法律制度，这也是其市场主导型征信模式能够高效运转的基础，而监管的执行和法律的制定则是基于保护个人信息安全和隐私权的理念。（1）征信法律体系：主要以《公平信用报告法》为核心，该法规定了个人信息主体、信用信息提供者、征信机构等在征信活动中的权利义务关系，并从保护消费者隐私和信用报告准确性的角度出发，规定了信用报告的合法用途、负面信用信息的保存期限、信息主体获取和要求更正本人信息的权利、征信机构对信用报告准确性的法律责任等内容。《公平信用报告法》成为美国个人信息保护法律的开端，使得征信机构可以广泛收集信息，并保障信息使用者在合法目的内的自由使用，促进了行业的快速发展。与此同时，法律赋予了消费者充分的个人权利，较好地平衡了保护消费者权益与促进征信发展的关系。（2）监管框架：美国并未设立类似征信管理局之类的部门专门负责征信监管，而是通过立法或自然分配的形式将监管职能分配至各个部门，在各个部门履行监管职能的过程中，依旧遵循保护个人信息与隐私权的基本原则。

2. 美国个人征信领域龙头企业——益博睿（Experian）

益博睿主要提供数据和分析工具，帮助企业管理信贷风险、防止欺诈行为、确定营销目标，以及实现自动化决策，同时也帮助个人用户查询自己的信用报告和信用评分，并防止身份遭盗用。公司总部位于爱尔兰都柏林，营运总部分别设于英国诺丁汉、美国加利福尼亚和巴西圣保罗，业务网络覆盖全球 39 个国家和地区。2014—2015 财年公司实现营业收入 48.1 亿美元，净利润 7.72 亿美元，净利润率为 16%。

数据是所有业务的核心与基础，构成公司的核心竞争力。益博睿拥有 30 多年的征信数据管理及建模专业知识，并与全球 70 多家征信机构进行合作，目前其全球数据库共覆盖 8.9 亿人和 1.03 亿家企业。数据来源广泛，包括个人和企业信用记录、保险、租赁、保健（医疗）支出及交通记录等，并不断加强数据库覆盖的广度、深度和质量。此外益博睿还拥有超过 400 位数据分析师对数据进行加工和挖掘。

信贷服务是益博睿最大的业务板块，2014 年占营业收入的比重为 49.2%；而以征信业务为基础，利用数据优势发展其他增值业务也取得了不错的成绩。目前客户互动服务、市场营销解决方案、决策分析亦成为其重要收入来源，分别占比 20.4%、18.1%、12.3%。收入来源分行业看，金融服务业仅占 30%，而服务于消费者、零售行业、汽车行业的收入分别占比 20%、9%、5%，这亦表明该公司不断拓展业务范围和数据应用场景，努力增加收入来源。

4.1.2 欧洲大陆国家征信：政府主导模式

法国、意大利等国均主要依靠国家和政府组建征信机构，因此欧洲大陆国家的征信体系发展遵循的是政府主导模式。

1. 欧洲信贷登记系统的发展

最早的信贷登记系统是德国于 1934 年建立的，之后法国（1946 年）、意大利（1962 年）、西班牙（1962 年）、比利时（1967 年）及其他一些国家陆续建立了信贷登记系统。信贷登记系统一般强制收集数据，在德国，《信贷法》规定了中央信贷登记系统的运营规则，要求各类受监管的金融机构按季度向中央银行报送数据。意大利的中央信用登记系统运行主要是依据 1993 年的《银行法》和 1994 年的《信贷委员会条例》，确定了由中央信贷登记系统按月收集客户信贷历史、帮助银行规避风险的原则。

随着信息技术的发展、央行监管和金融机构风险管理的变化及欧洲个人信息保护理念的不断深化，欧洲信贷登记系统在发展中呈现出以下特点：

一是强制数据上报的门槛逐步下调。信贷登记系统通常采集一定额度以上的正负面信息（法国除外，仅收集负面信息），对于正面信息采集通常有报数门槛的要求（低于该门槛无需报数），这主要是考虑到小额贷款对整个金融体系风险影响较小。随着消费信贷市场的发展，近年来央行以及金融机构都对数据有进一步的需求，信息采集门槛有逐步下降的趋势。例如，意大利央行 2008 年将报数门槛由 7.5 万欧元降低为 3 万欧元，西班牙上报起点由最初的 3 万欧元调整为 6000 欧元，最新的改造项目将会把上报起点降至零欧元。西班牙等国央行的信贷登记系统不仅对被监管金融机构逐步实现了全面信息采集，对没有纳入监管范围的授信机构的授信业务采集范围也正在扩大和加强。

二是金融机构上报和查询借款人信息需告知（或获取授权）。当信贷登记系统由最初按信贷业务种类汇总上报信息改为后来的按照借款人或按单笔业务逐条上报方式时，从严格意义上讲，这种信贷登记系统才具有了征信功能，央行开始向金融机构提供单个借款人的信用报告查询服务。尽管欧洲大多数国家的《个人数据保护法》要求获取本人同意后才能处理相关数据，但对于信贷登记系统则进行了豁免，如意大利《个人数据保护法》（1996 年 675 号法）明确规定，对于信贷登记系统获取本人同意是不必要的。为了充分保障借款人的权益，有些国家要求金融机构报送数据需履行告知义务。大多数国家要求查询时应获取授权，避免个人数据被未授权的机构获取，侵害借款人的权益。

三是面向信息主体提供查询和异议服务。随着欧盟 1995 年颁布《欧盟指令》，各国先后将该指令引入本国法律予以实施，信贷登记系统由于收录了借款人的信贷信息也依法开始面向信息主体开放，满足信息主体的知情权、查询权和异议权。例如在西班牙，2002 年法律规定借款人有权从信贷登记系统获取自己的信用报告（提供网点查询和互联网查询两种方式），有权知道在过去六个月里信息被查询的情况，有权向西班牙央行及报数机构提出异议，并规定了异议处理的最长时限。

需要说明的是，尽管信贷登记系统是欧洲征信行业的一大特色，但由于在发展初期采集数据起点高、缺少非监管对象的信贷数据等原因，这为市场化征信机构的运营留下了空间，比较知名的市场化征信机构有德国的舒发公司、意大利的科瑞富公司等。这些机构的运营遵守本国《个人数据保护法》或者本国关于征信机构运营的相关规定，例如舒发公司遵守《德国联邦数据保护法》的规定，而科瑞富公司除遵守《意大利个人数据保护法》的规定外，还需要遵守意大利数据保护委员会发布的《意大利私营机构处理消费者信用信息的行为准则》。

前述欧洲国家中只有法国没有私营征信机构，是典型的政府主导模式。法兰西银行于 1946 年组织成立了法国唯一一家征信机构——信用服务调查中心，由其建立中央信贷登记系统（包括企业信贷登记系统和个人信贷登记系统）。法国于 1989 年颁布《防止以及解决个人贷款问题的法案》，设立了个人信贷登记系统，所收集数据主要是个人信贷信息，且只提供个人的负面信息。根据相关法律规定，银行、融资代理公司、租赁公司等金融机构都必须向个人征信系统报送个人在信贷、租赁、分期付款及信用卡等方面的逾期、拖欠或透支情况，此外该系统还通过法院、媒体等渠道采集个人负面信息。因此法国的个人征信系统相当于一个全国性的个人贷款不良行为档案库。

2. 政府主导模式征信的特点

该模式的特点在于：（1）征信机构组建——主要的征信机构并非由私人部门投资和经营，而是由政府部门组织成立和运行；（2）信用信息获取——商业银行等金融机构被强制性地要求定期向公共征信机构提供企业和个人的信用信息；（3）信息数据范围——公共征信系统的数据主要包括企业和个人的借贷信息，与市场化的征信机构相比该系统的信息范围要窄许多，对诸如企业地址、业务范围、所有者名称等信息基本不搜集；（4）信用信息使用——只有被授权的央行职员或金融机构职员才能通过公共征信系统查询相关信息，其他任何人均不能在未得到授权的情况下通过该系统直接查询企业和个人信用状况；（5）央行地位——既是公共征信机构的发起者，同时也是征信市场的监管者。

4.1.3 日本征信：行业协会主导模式

在日本，信用信息主要由行业协会中各会员收集提供，信用信息的查询服务也仅对会员开放。目前，日本个人信用中心主要由银行业协会、消费信贷协会和信用产业协会三大协会主导，向各自会员提供信用信息查询服务，并分别对应着日本的征信体系的银行体系、消费信贷体系和销售信用体系。目前三大行业协会的信用信息服务基本上满足了会员单位对个人信用信息征集和查询的需求。其中，银行业协会组建了非营利性的会员制征信机构，即日本的个人信用信息中心，而地方性的银行即是该"信息中心"的会员。日本的企业征信机构主要有两大类：（1）不以盈利为目的的银行会员制征信机构；（2）市场化的民营征信机构，主要有帝国数据银行（TDB）和东京商工所，其业务范围包括企业信用调查、信用风险管理、数据库服务、营销服务、电子商务服务、催收账款、市场调查、行业分析报告、海外企业信息报告等，两者占据日本企业征信市场近90%的市场份额。

日本各行业协会共同出资组建个人信用信息中心，为会员单位提供各类信息查询服务，同样不以营利为目的，而各会员单位也必须将其所掌握的个人信用信息上报至信息中心。当前日本较大的个人信用信息中心包括：

（1）全国银行个人信用信息中心（KSC），由全国银行业协会组建。KSC以商业银行、非银金融机构、银行附属公司等金融机构为会员，该数据中心还与其他协会的数据中心就消费者的不良信用记录进行业务交换，建立了企业信息的交换制度和系统。

（2）株式会社日本信息中心（JIC），由全国信用信息中心联合会管理。全国信用信息中心联合会的股东会员则是33家地方信息中心，这33家信息中心本身都是独立的公司，各地区的消费金融公司是其股东。

（3）株式会社信用信息中心（CIC），由日本信用卡行业协会组建。CIC主要向商业信用授信机构（如赊销厂商）提供消费者信用调查，业务量在日本消费者征信体系及其产业中是最大的，其前身包括以汽车系统和流通系统的信用卡公司为中心的"信用信息交换所"和以家电系统的信用公司为中心建立的"日本信用信息中心"等，会员主要是由各信用销售公司和信用卡公司组成。

这三家征信机构在为各自的会员单位提供信息服务的同时，还合资建立了消费者信用信息网络系统（CRIN），致力于三大机构间的信息共享。

4.1.4 新兴市场国家征信行业的发展

自 2000 年以来，征信业经历了前所未有的发展，尤其是在新兴市场国家，个人征信机构的数量快速增长，主要原因有以下两点：一方面，金融市场化和宏观经济环境的改善带动了信贷的增长，催生了对征信方服务的需求。尤其是 2007—2008 年的金融危机，推动了各国在国家层面实施广泛的改革，各国意识到了加强包括征信系统在内的金融基础设施建设的重要性。另一方面，信息技术的进步、数据存储和处理成本的下降也降低了征信系统建立和运营的成本，使得建立全国集中的征信数据成为可能。

新兴市场国家在发展征信市场过程中，充分借鉴欧美征信市场发展的经验，同时适应本国文化、经济、政治及监管环境，探索征信系统建立的方式。以亚洲为例，在央行、金融监管部门或银行协会的强力推动下，马来西亚（1982 年）、韩国（1984 年）、印度尼西亚（1988 年）、日本（1988 年）、印度（2000 年）等国家纷纷建立了信贷登记系统，实现借款人正负面信贷信息的强制、全面采集为快速建立本国征信体系打下了坚实的基础。随着信贷业务的不断发展扩大，市场化征信机构逐步兴起，日本、韩国等国本土私营征信机构逐步发展壮大。此外，国际征信行业巨头也通过注资、技术合作等方式积极在亚洲扩张市场，印度的四家征信机构已经分别被美国三大征信机构（益博睿、艾克飞、环联）和意大利科瑞富公司控股，由新加坡和澳大利亚投资组建的控股公司（NSP）也通过直接入股或间接控股方式拥有了马来西亚、柬埔寨、印度尼西亚、缅甸等多国征信机构的股权，进一步推动了亚洲征信市场的繁荣。

亚洲各国也开始出台法规规范征信行业的发展。韩国 1995 年出台《信用信息使用及保护法》，专门对信用报告及企业和个人信用信息的传播与保护进行全面规范；马来西亚央行建立的信贷登记系统的法律地位在 2009 年颁布的《马来西亚中央银行法》中予以明确，2010 年颁布《征信机构法案》，主要是对私营征信机构的注册、业务开展和信息主体权益保护等方面出台相关规定。

4.1.5　国外征信行业发展的经验

1. 各国征信模式的选择必须符合国情

目前国际上主要存在三种征信模式，分别是：以法国为典型代表的政府征信模式；以美国为代表的市场主导模式和以日本为代表的行业协会模式，表 4-1 是三种征信模式的比较。

由于各种征信模式在产生原因、主导机构、信息来源和服务对象等方面各有不同，因此，不能简单地说哪种征信模式最好，我们也不能照搬发达国家的模式，而要结合我国经济发展和金融发展的实际慎重选择。美国是目前世界上信用产品种类最多、市场规模最大的征信市场，其对我国民营征信业的发展颇具指导意义。

2. 完善的法律和监管体系是征信市场良性发展的前提

无论是美国的市场主导型模式、欧洲的政府主导型模式还是日本的行业协会主导型模式，无一不是以系统而完善的法律和监管体系为基础，着重保护征信信息安全和个人隐私权，从而保障了征信市场的高效运转。新兴市场国家法律也充分借鉴了美国《公平信用报告法》的立法经验，赋予了消费者各项权利，如知情权、查询权、异议权等，有效保障了个人的征信权，并对征信活动中的参与各方包括征信机构、数据上报机构、信息使用的有关数据质量、异议数据处理、信息采集和查询等方面做出规定，并设置了违规的惩罚措施，规范征信业务的有序开展。

表 4-1   三种主要征信模式对比

分类	代表国家	产生原因	核心机构	信息来源	服务范围	优势	劣势
政府主导模式	法国	信息安全、惩罚违法为主要任务	法国央行	央行强制性要求各金融机构提供信用数据	通常只允许合格金融机构和企业个人自身进行查询	保证国家信息安全	信息使用者仅局限为金融机构。只收集负面信息,信用评价不完整
行业协会模式	日本	行业协会对经济发展有巨大的影响力	行业协会组织的五大非营利性机构、民营公司,如帝国数据银行、东京商工所	行业协会成员	行业协会成员	政府干预小	收集信息种类较少。行业间、机构间信息互通少,较封闭
市场主导模式	美国	消费引发的信贷需求	三大个人征信局、三大信用评级机构及 FICO 等,主要征信机构全为民营	主动调查,金融机构、公共机构、第三方数据处理公司等	几乎没有限制	行业细分、对接应用最为全面,最具活力	市场淘汰过程慢,代价高。市场化运作,对监管等基础环境要求高

资料来源:BCG

3. 技术进步将为征信行业发展提供强大动力

征信业开始发展时,征信信息处理基本靠手工、电话信函等,影响力有限。随着信息技术的发展,信贷登记系统对报数门槛的要求呈现逐步下降的趋势。伴随大数据、移动互联网、云计算等 IT 应用的快速渗透，全球 IT 服务业正向着服务化、网络化及平台化的模式发展。借助于互联网形态与大数据、区块链等新兴技术，征信业目前已具备了处理实时海量数据的能力，搜索和数据挖掘能力也得到了长足的进步。信息技术的进步为征信行业带来了新的发展机遇，例如大数据可解决海量征信数据的采集和存储问题，通过机器学习和人工智能方法可深入进行征信数据挖掘和风险分析，借助云计算和移动互联网等手段可提高征信服务的便捷性等。与传统征信企业不同，互联网企业的信用数据时效性更强，来源也更为丰富。电商网购、在线支付、信用卡还款、水电煤缴费、社交信息等都可以成为互联网征信的要素。依托于新兴技术的支撑，征信数据规模越来越大、数据维度越来越广，模型不断迭代优化。

4. 征信作为金融体系的重要基础设施，对普惠金融发展具有重要作用

从发达国家金融发展的经验来看，征信体系的完善程度与金融发展程度高度相关。因为征信本质上是为防范信用风险而由第三方（征信机构或金融监管部门）提供的信用信息服务，它解决了单一授信机构无法解决或需要耗费较高成本才能解决的问题，如共享借款人在各家金融机构的借贷信息。征信体系成为国家重要的金融基础设施，对提升信贷风险管理水平、维护金融稳定、促进经济增长有着重要的意义。征信体系的完善有利于降低金融机构的运营成本和信息不对称，有利于降低金融机构对农户、贫困人群及小微企业的信贷风险，进而推动普惠金融的发展。

4.2　中国征信体系发展历程

我国的征信体系建设，可以追溯到 20 世纪 30 年代初。在 19 世纪末，一些华资银行在西方市场经济思想的影响下设立了调查部，通过收集客户的信用状况资料，建立客户信用档案。1932 年 6 月 6 日，我国第一家由当时的浙江实业银行等五家银行发起设立的信用调查机构——

中华征信所在上海宣布成立，标志着中国征信业的开始。这家机构收集的信息比较简单，主要为当时的企业服务。自我国出现最早的一家征信机构至今，已经有了 80 多年的历史。中华人民共和国成立后的相当长时间内，我国征信业发展缓慢，甚至处于几乎停滞的状态。真正对征信行业的长远发展产生实质性推动作用是从 20 世纪 80 年代末开始的。自 1980 年至今经过 30 余年的发展，我国大致形成了以央行为主导的公共征信体系，纵观中国征信行业的发展，大体可分为探索阶段、起步阶段、规范阶段和市场化发展阶段等四个阶段。

4.2.1　探索阶段：征信市场的雏形初步显现

20 世纪 80 年代末 90 年代初全国企业间"三角债"问题爆发，国务院开展清理行动，并第一次提出"社会信用"的概念。1987 年 2 月，国务院颁发了《企业债券管理暂行条例》，规定企业发行债券必须经过中国人民银行批准。为适应企业债券发行和管理以及满足涉外商贸往来企业征信信息的需求，1988 年，中国人民银行批准成立了第一家信用评级公司——上海远东资信评级有限公司（简称上海资信）；同时，对外经济贸易部计算中心和国际企业征信机构邓白氏公司（Dun & Bradstreet）合作，相互提供中国和外国企业的信用报告。随后的几年时间里，中国人民银行系统批准成立了 20 多家评级机构，极大地活跃了信用评级市场。1992 年，中国第一家专业从事企业征信的公司——北京新华信商业风险管理有限责任公司成立，成为我国第一家真正意义上的征信机构。此后，一批专业信用调查中介相继出现，征信市场的雏形初步显现。

总体来看，1980—1995 年这一阶段征信公司规模普遍较小，业务以资信评级为主，信息获取难度高，信用报告内容简单；而个人征信尚未放开，征信市场处于探索阶段。

4.2.2　起步阶段：央行和各地方搭建征信平台

这一时期，随着中国经济的快速发展和商品"买方市场"的初步形成，银行信用和商业信用规模都在不断扩大，客观上对信用调查的市场需求也在增加，从而加速了我国征信行业的发展。在此阶段，中国人民银行及相关政府机构在征信领域进行了大规模的布局。1996年，中国人民银行在全国推行企业贷款证制度，开始在金融系统中引入征信制度。1997年，上海开展企业信贷资信评级。1998年，经中国人民银行批准，上海市进行个人征信试点。1999年，上海资信公司建立了中国的首个个人信用征信系统——上海个人信用联合征信系统，标志着个人征信服务的重要突破。1999年底，中国人民银行把贷款证由文本登记方式转为电子化管理，银行信贷登记咨询系统上线运行。2001年，深圳市政府正式颁布了《深圳市个人信用征信及信用评级管理办法》，这是国内首次以政府令形式发布的并首次为个人信用征信定规的政府规章。2002年，银行信贷登记咨询系统建成地、省、总行三级数据库，实现全国联网查询，标志着中国征信业迈出了重要的一步。

在1996—2002年，这一阶段是我国征信业的起步阶段，也是央行和各地方搭建征信平台的阶段。在这段时期，四大行由专业银行向商业银行转型，以及一些股份制银行和地方性银行陆续成立成为征信市场发展的重要推动力，而商业银行仍是征信服务的主要需求方，征信服务主要体现为内部评级服务，个人征信开始起步。

4.2.3 规范阶段：全国征信体系一

2003年，国务院赋予中国人民银行"管理信贷征信业，推动建立社会信用体系"的职责，中国人民银行征信管理局正式成立，即中国人民银行成为征信业监督管理部门。同年，上海、北京、广东等地率先启动区域社会征信业发展试点，一批地方性征信机构设立并得到迅速发展，国际知名信用评级机构也先后进入中国市场。2004年，中国人民银行开始组织商业银行建设全国集中统一的个人信用信息基础数据库，并于2006年1月在全国联网运行，填补了我国个人征信行业的空白，至今依然是中国权威性最高的个人征信系统。2005年银行信贷登记咨询系统升级为全国集中统一的企业信用信息基础数据库。2008年5月，中国人民银行征信中心正式在上海挂牌成立。同年，国务院将中国人民银行征信管理职责调整为"管理征信业"并牵头社会信用体系召开部级联席会议，2011 年牵头单位中增加了国家发展改革委员会。2013 年，国务院正式颁布《征信业管理条例》，同年央行发布《征信机构管理办法》，对企业征信实行备案制，对个人征信实行审核制，标志着我国征信业进入法制化的时代。2014 年 6 月，国务院印发《社会信用体系建设规划纲要（2014—2020 年）》，提出要建立社会信用基础性法律法规和标准体系，建成以信用信息资源共享为基础的覆盖全社会的征信系统。2014 年，根据《征信业管理条例》《征信机构管理办法》及有关法律法规，中国人民银行各分支机构开展的企业征信机构备案工作正式开始。2014 年 6 月，中诚信征信（备案号 10001）成为我国第一家拿到企业征信备案资质的机构。

从 2003—2014 年这一阶段政府政策和举措来看，中央十分重视我国社会信用体系的建设，形成了以央行为主导的全国统一的公共征信模式，并且颁布相关法律法规，使我国的征信业发展有法可依，至此我国征信开始走上规范化发展的道路。

4.2.4 市场化发展阶段：个人征信的市场化和商业化

2015 年 1 月 5 日，中国人民银行发布《关于做好个人征信业务准备工作的通知》，要求芝麻信用管理有限公司、腾讯征信有限公司、深圳前海征信中心股份有限公司、鹏元征信有限公司、中诚信征信有限公司、中智诚征信有限公司、拉卡拉信用管理有限公司以及北京华道征信有限公司共八家机构开展个人征信业务试点，试点期 6 个月。开展这种试点是因为个人征信服务不同于企业征信，个人征信服务涉及个人信息安全和隐私保护，必须要有金融市场准入。此外，此举措实际上是央行开始认识到目前的金融信用信息数据库并未完全覆盖到互联网金融业务，标志着中国个人征信业向市场化、商业化发展迈出了坚实的一步，也标志着我国建设公共信用和社会信用服务机构互为补充的个人征信体系进入到实施阶段。

随着我国征信市场化的加速，征信的市场规模也随之扩大。根据平安证券统计显示，我国征信行业未来几年的市场将达千亿。无独有偶，美国富国银行进行了更加明确的测算，认为中国个人征信市场规模将超2000亿元。对于中国这样一个经济体量巨大、人口分布广泛、活力加速释放的经济体，薄弱的征信体系直接影响了社会融资成本、放贷效率和行业抗风险能力，制约了普惠金融的发展和经济运行效率的提升。此外，中国社会整体信用体系不完善，守信激励和失信惩戒机制尚不健全，因此，作为国家信用体系的核心环节的征信行业，其发展必须提速，在这个过程中引入市场化的力量催化行业发展，也是中国征信行业现状使然。

4.3 中国征信运行现状及问题

4.3.1 征信行业发展总体概况

中国的个人征信市场形成只有央行征信中心一家独大的局面，其主要原因在于在市场经济的起步阶段，我国征信的大量需求来自金融体系，尤其是信贷领域，而只有具备高度公信力的机构才有可能推动征信的进行。加上彼时社会化征信机构自身力量薄弱，收集的信息量有限，因此没有形成一定的市场规模。此外，个人征信配套的法律法规和监管政策尚不健全，未能奠定个人征信商业化发展的基础条件。

2012年底，中国共有征信机构约142家，其中政府背景信用信息服务机构20家，企业征信机构50家，信用评级机构70家，个人征信机构2家。142家征信机构共完成债项评级1670笔、信贷市场主体评级约5万户，实现总营收20亿元人民币。随着2014年企业征信牌照的下发及2015年个人征信市场化的开启，中国征信企业在数量上发展迅速，截至2016年底，中国征信市场持牌、准持牌机构约为228家，数量增长60.6%。征信企业数量的快速增长，直接原因源自中国监管政策的准许，而深层次原因在于交易普及导致社会对信用需求的增加。随着信用贷款快速增长、互联网金融逐步发展、共享服务大力拓展，社会大众及企业对征信应用需求度提升，中国征信市场将发展迅速。

央行征信中心在覆盖人群、数据类型等方面拥有巨大优势。2016年5月底，央行个人征信中心共收录8.8亿人，其中信贷记录人群为3.8亿人，占比为43%。在数据渠道上，央行个人征信中心接入金融机构，目前已涵盖所有商业银行、信托公司、财务公司、租赁公司及部分小贷公司。央行企业征信系统覆盖约2500万户企业或其他组织。对于国内庞大的人口基数与众多的工商注册企业，央行征信体系有效覆盖率尚显不足。在现有数据用户中，个人征信及企业征信有效覆盖率分别为43%、27%。目前，信贷数据是最能够体现用户信用的数据维度，但在信贷记录数据偏少的情况下，则需要通过其他数据维度对用户信用情况进行佐证，不到20%的数据是非信贷和非信用数据，无法对长尾用户进行信贷数据之外其他维度数据的有效验证，面对主要以服务长尾用户的互联网金融，其征信需求还未得到有效满足。

通过开放市场准入机制、引入商业企业参与征信建设，从而扩大征信系统有效覆盖率，将成为中国征信体系未来发展的主要方向。

2015年央行征信中心查询总次数约为7.19亿次，较去年同期5.05亿次增长了42.4%。其中个人征信占总查询次数的88%，为6.31亿次，同比增长55.8%，企业征信系统总查询次数为0.89亿次，占比12%，较去年1亿次查询量下降12%。从2011—2015年查询次数变动趋势来看，个人征信与企业征信社会需求量的增长率大相径庭。个人征信用户需求量呈现爆炸式增长，从2011年2.4亿次总查询量增长到2015年的6.31亿次，增长率约为263%。企业征信在2012年全年累计查询次数为0.69亿次，增长量为2800万次，增幅将近41%。但查询量经过爆炸式增长后，2012—2015年间，企业征信查询量增长速度缓慢。中国目前征信查询次数呈现不同程度的增长，但对于中国庞大的人口基数来说，人均查询次数偏少，原因在于：一是社会大众对于信用需求强度处于低水平，认识不到其意义。二是央行征信中心有效覆盖人群偏少，无法对长尾市场客户群提供征信服务。

4.3.2　征信市场面临的主要问题

1. 个人征信业务相关法律法规不健全

已经颁布实施的《征信业管理条例》和《征信机构管理办法》，对征信活动进行了一定程度的规范，但一些条款存在着操作性不强等问题，针对个人征信的管理制度基本上是空白，目前可见的只有《中国人民银行个人信用信息基础数据库管理暂行办法》。一些国家对于可能构成"不公平"和"不平等"信贷交易的信息，规定不能在信贷交易中使用，征信活动也就不能采集利用这些信息来评估借款人的信用风险。由于我国缺少《公平信贷交易法》，对信用评估不可以使用哪些信息没有具体规定，这也为征信行业的规范发展带来了挑战。为了切实保障消费者的合法权益，《征信业管理条例》第十三条专门规定："采集个人信息应当经信息主体本人同意。"而由以前的放贷机构上报信贷信息转变为征信机构积极从各个渠道采集信息，客观上也使得落实知情同意权变得更加困难。在保障信息主体对自身信息采集的知情同意方面还面临很大挑战，对社会机构办理个人征信业务的个人信息采集使用范围不明晰，对个人信息安全保护措施不到位，对失信缺乏惩戒机制等一系列问题，均需要从法律层面去加以规范。

2. 数据的碎片化、质量及其规范问题

在信息化时代，个人的信用信息可来自税务、海关、人事、住建、金融机构、购物、社交、媒体、航空、教育、通信、旅游等海量数据资源，这些数据分散在官方和社会征信机构的个人信用信息数据库中。因不同部门、地区、行业间信息平台不兼容，同时信息来源渠道存在差异，使得征信机构掌握的信用数据一定程度上都存在信息孤岛问题，对个人信息掌握碎片化，会出现信用评价"同人不同信"的风险，不能客观、公正、全面评价个人信用，从而影响征信报告的科学性和权威性。

区别于传统的银行信贷数据，互联网上的数据类型多样、数据量大，消费者行为记录很有可能并非由本人发起，数据的真实可信度存在很大问题。收集的信息如何能做到去伪存真，信息能否完整、及时、准确，将直接决定征信信息的质量，而数据准确是征信行业赖以生存的根基。此外，传统的信用评分模型的有效性已经得到业界充分验证，而大数据信用评分模型相比传统的信用评分模型更加复杂，模型的客观性、科学性如何保证？信用评分结果是否有效、是否可解释？这也决定了信用评分的质量，也是目前大数据信用评分模型开发和应用不可回避的问题。

此外，为获取个人信用数据，出现了一些机构不经授权采集信息或一次授权无限次使用信息，甚至有个别机构直接从黑市购买数据等问题，对数据采集缺乏法律边界。

3. 机构独立性问题

个人征信机构坚持客观、独立的第三方公允立场，是保证信用记录、信用分值的客观性和公正性的重要条件之一，不从事与征信客户相竞争的业务，才能避免既当裁判又当运动员的角色错位。作为征信机构，不经营与个人征信存在利益冲突的业务（如授信信贷业务），才能够作为一个客观、独立的第三方对外提供服务。目前，一些社会机构利用集团或控股公司内部客户的商务交易与金融交易数据，为集团内部金融机构提供个人信用报告。如果这些机构超越自己的集团服务范围而涉足社会个人征信市场，则会存在利益冲突问题，难保征信报告的客观及公正。

第 5 章　普惠金融视角下互联网
征信有效性研究

随着第三方支付、网络借贷等互联网金融在中国的迅速崛起，由于互联网金融平台经营风险高，监管不完善，非法吸储、自营、"跑路"等事件频繁发生，而这些不良现象综合在一起又导致平台接入央行征信中心系统的门槛提高，同时，平台服务的客户一部分未被央行征信系统覆盖，另外有一部分客户虽然有央行的征信报告但可用信息非常少，不能帮助平台做出信用风险评价，导致平台只能向客户逐一收集个人资料，最后依据收集的信用数据做出信用风险评价，这个过程其实是新金融组织自发的"征信"，"征信"报告仅作为内部使用。

网络借贷是普惠金融发展的路径之一，本章以网络借贷为例，通过实证方法研究现有征信体系对普惠金融发展的支持作用。征信的核心作用是缓解信息不对称，我们将金融可获得性以及借款人获得金融服务过程中付出的成本是否因征信有所改善作为征信有效性的表现，具体包括现有征信能否缓解信息不对称从而提高金融可获得性，能否准确识别和衡量借款人信用风险从而降低借款成本。

5.1　互联网征信

5.1.1　互联网征信模式

互联网征信主要是指通过采集和收集个人或企业利用互联网实现各

类交易、使用互联网从事各类业务以及通过互联网获得各类服务的过程中留存下来的信息和数据，并结合一些来自政府公共部门和其他商业机构的相关信息，利用大数据、云计算等技术手段进行信用评估和评价的活动（尹振涛，2016；邓舒仁，2014）。我国互联网征信运行模式主要包括传统征信机构将征信业务互联网化、依托电子商务平台建立互联网征信机构、由 P2P 网络借贷演变的互联网征信。

较之传统金融征信，互联网金融征信具有以下特点：一是征信对象不同，传统金融征信的对象是有着丰富信用记录的企业和个人，互联网金融征信的对象则主要是信用记录匮乏、原本没有被传统征信体系覆盖的企业和个人；二是依赖的数据源不同，互联网金融征信中采用的传统信用数据所占比重仅占 40%，其余为诸如网络数据、社交数据等非传统信用数据；三是信用评估的主要方法不同，传统金融征信采用的变量较少，主要进行回归逻辑分析，互联网金融征信则以大数据技术为基础，采用机器学习模型的数千个变量，在显著提高决策效率的同时大大降低了风险违约率。

1. 传统征信机构将征信业务互联网化

随着近年来互联网金融的蓬勃发展，传统的征信机构也相继开展了互联网领域征信业务。如上海资信的互联网金融征信系统（NFCS）及安融惠众的信用信息共享平台（MSP）等。NFCS 是由中国人民银行征信中心控股的，于 2013 年 6 月 28 日推出的我国首个基于互联网的专业化征信系统。该系统主要采集 P2P 网贷平台客户的个人基本信息、贷款开立信息、贷款还款信息等。NFCS 还有多个互联网借贷机构向其提供数据，并可通过系统进行查询，实现了互联网金融企业之间的信息共享。MSP 是由北京安融惠众征信有限公司于 2013 年 3 月创建的，为小额贷款公司、担保公司提供行业内信用信息服务的平台。MSP 采取封闭式的会员制共享模式，为公司会员提供信用信息查询服务。

2. 依托电子商务平台建立互联网征信机构

电子商务公司依托自身电商平台和支付渠道，收集包含用户网购、还款、转账以及个人信息等方面数据并进行加工整理建立信用信息数据库，开展小额贷款、网络联保贷款和网络理财等业务。芝麻信用利用阿里巴巴的电商平台数据和蚂蚁金服的互联网金融数据，构建自己的信用数据库，并推出芝麻信用分，与国际主流的信用评分体系接轨。腾讯征信通过腾讯的多种服务聚集了庞大的客户群（8 亿的 QQ 账户、5 亿微信用户、3 亿微信支付用户），其中包含了大量的消费、信用卡还款、社交等数据信息。腾讯征信主要推出两类征信产品：一是反欺诈产品，包括人脸识别系统和欺诈评测产品，主要为银行、证券、保险、小额贷款、网络借贷等商业机构提供服务；二是信用评级产品，包括信用报告和信用评分。除了芝麻信用和腾讯征信外，百度、360 金融、小米金融、京东金融等公司也在积极构建互联网征信系统。

3. 由 P2P 网络借贷演变的互联网征信

P2P 等互联网金融企业基于自身开展的互联网金融相关业务积累了大量业务数据，通过购买或者研发大平台的数据抓取软件，将平台交易的海量数据进行集成并统计分析，从而建立后台征信数据库，为企业开展业务提供服务。网信征信就是依托网信金融集团旗下的众筹网、第一P2P、第一支付等多个互联网金融业务，利用网信金融集团的数据积累和互联网金融行业发展经验，为客户提供投融资风险评估服务。

5.1.2 互联的征信对数字普惠金融发展的作用

普惠金融与互联网金融的紧密契合无疑改变了传统金融的经营模式，对征信提出了更紧迫的需求。一方面，开展普惠金融意味着客户端的下移——小微企业和个人，使信用风险相应加大；另一方面，以 P2P和众筹为代表的互联网金融呈现较为典型的"自金融"特点，其关键环节就是投资方能在信息充分披露的基础上做出自主决策，这就要将信用评估、征信服务作为其发展的基础设施，即征信是普惠金融的生命线。

与此同时，普惠金融、互联网金融的发展亦将推动征信的进一步发展和完善。首先，普惠金融与互联网金融的客户拓宽了征信对象的范围；其次，互联网金融交易中依托的电商平台、社交网络和搜索引擎等产生的交易行为、关联关系、支付信息，通过云计算、搜索和数据挖掘等互联网大数据技术对这些信息加以搜集、处理，扩大了征信数据的征集范围和渠道，使征信趋于全面和完善。

数字普惠金融与互联网征信实际上应为相互促进、相互作用的两个行业，数字普惠金融行业迅猛发展带来大量的信用信息需求，为征信行业带来新的发展动力和机遇，而征信行业的良性发展，也能为数字普惠金融行业保驾护航，助力数字普惠金融健康发展。目前数字普惠金融的发展已先行一步，征信行业须及时转变思维，确保数字普惠金融对社会经济发展释放出最大的正能量。

5.2　网络借贷、信用风险与互联网征信

5.2.1　网络借贷中的信用风险

网络借贷等互联网金融模式的崛起为解决中小企业融资难这一世界性难题提供了可行路径，为推动普惠金融和共享经济的发展做出了重要贡献。然而中国互联网金融存在天然缺陷，监管和统一的征信体系不完善制约着互联网金融的发展方式、速度、质量和规模。因此，网络借贷平台需要各自制定信用评价系统以维持自身的正常运转，平台能否准确评价借款人的信用将决定整个网络借贷市场中借款人信用的精准度和质量高低。在平台可精确评价借款人真实信用的基础上，投资者能否获得借款人信用信息和准确识别借款人信用风险将决定违约率高低，关系到整个借贷市场的运行与发展。在网络借贷平台上，表现借款人信用的综合指标仅有信用等级，无法通过其他综合性指标对于同一信用等级内的借款人进一步进行风险识别，只能依靠收入、年龄、学历、婚姻、工作年限等指标判断。借款人具有异质性，收入等个人信息中的单个指标处于孤立和非均衡存在状态，收入较高的借款者可能学历水平低，学历较高的借款者可能工作年限较短，投资者普遍不具有风险评价的系统知识和能力，如果网络借贷平台不提供更加精准反映同一信用等级内借款人

信用风险的综合性指标,有可能出现投资者风险识别失败和违约率升高的局面。

网络借贷有多种类型标的,人人贷上分为信用认证标、实地认证标和机构担保标。信用认证标是平台对借款用户的个人信用资质进行全面审核后,对符合借款条件的标注为信用认证标发布到客户端,特点是借方无抵押物、无担保、高风险,还款来源完全在于借款人的个人信用。根据测算,信用认证标违约率高达 17.30%,平台在借款者出现违约后仅负责垫付借款人未还本金。实地认证标相对信用认证标增添了合作机构的认证审核,通过实地走访审核借款人,进一步达到风险控制的目的。实地认证标违约风险低于信用认证标,实地认证标出现违约后,平台负责垫付借款人未还本金和当期利息,资金来自实地认证机构备用金和借贷平台保证金。机构担保标是由平台合作机构做担保的标的,无论债务人的财产是否能够清偿债务,债权人均有权要求保证人履行保证义务。机构担保标风险最小,机构担保标出现违约后,担保方负责垫付借款人未还本金和当期利息,资金来自担保机构。

理论上互联网金融的最大优势在于去中介化,通过去中介化实现高效、低成本的金融服务,互联网金融最重要的价值体现为它的普惠性。无抵押、无担保的信用认证标最符合去中介化点对点直接交易的系统结构和交易方式,但由于风险较高,网贷平台逐渐引导借款用户转向其他认证方式。根据人人贷平台公布的历年年报,2012 年起信用认证标借款成交笔数占比为 66.38%,自 2013 年起信用认证标交易则大幅下降,其他两类标的交易则大幅上升,2013—2015 年信用认证标借款成交笔数平均占比仅为 10.18%。实地认证标和机构担保标是中介化结构的标的,一方面降低了网络借贷的市场风险,另一方面使网贷平台服务超过了信息中介的定义,扩展到包含金融中介的属性和范畴,担保等中介机构的存在在大大增加了交易成本的同时也违背了互联网金融发展的初衷。中国互联网金融的出现确实起到了加速金融发展的作用,但远未达到互联网金融理想化的应有业态。如果市场仅提供信用认证标,大量违约风险可能导致整个市场出现危机甚至市场消失,如果市场以中介化标的为主，通过增加认证环节、担保机构降低风险而走向中介化，获益最大的可能是互联网金融平台和担保机构。当大量资金不能流向生产领域，社会经济活动中分配性活动的迅速增加会不利于经济发展，可能会加剧社会不平等（Turner，2014），所以中国互联网金融面临着风险与成本的权衡取舍。

5.2.2　互联网征信存在的问题

2014 年，中国人民银行征信中心和金融研究所联合在《金融研究》杂志上发表了《互联网信贷、信用风险管理与征信》一文，分析了征信对互联网信用风险管理的作用机制和中国互联网征信服务模式及存在的问题，但并未提出通过实证检验互联网征信的有效性。

互联网信贷机构无法联网接入全国统一的征信系统，使其无法获得可靠的征信服务。征信中心的企业和个人征信系统不能为互联网信贷机构提供实时在线服务，降低了互联网信贷机构贷款审批效率和贷后管理能力，同时，借款人线下自主提供征信报告也难以保证数据的真实性。通过信息共享及时发现借款人的信用瑕疵，减少贷款损失，是征信系统的存在价值。各种征信系统独立经营不仅缺乏权威性和客观性，同时系统之间也缺乏良好的兼容性，信息难以互联互通，降低了征信系统的存在价值。

无论是发达国家还是发展中国家，网络借贷在提供金融服务前需要借款人提交个人信用信息，根据挖掘信用信息得出借款人还款能力、还款意愿、风险承受能力，为投资者判断借款者信用等级提供依据。在英、美等国家，征信体系市场化运作，网络借贷平台获取信用信息、衡量借款人信用风险就是征信，在中国，这种方式不能作为严格意义上的征信，通常被称为网络借贷的信用评级系统。人人贷等资信较高的平台都有自身的一套信用评级系统，同时也接入了央行征信中心，经借款人授权后，具有访问央行征信中心查询借款人信用报告的权限。信用评级系统虽然没有一致的法律解释和权威概念，但其本质还是征信，具有征信的本质特征和核心功能。

信用与风险对立，高信用意味着更低风险，有效的征信将帮助投资者识别风险和保障投资者利益。从宏观角度来看，信用是市场经济的核心要素和基础条件，受多种因素影响，中国市场经济运行未建立起完善的信用机制，部分经济个体信用意识不强、契约精神薄弱，法律和监管体系建设滞后于市场发展使违约者无法得到相应制约与惩罚。网络借贷平台发展时间短，一些未知的潜在风险有待发现，征信方式和风险控制手段不及银行等传统金融机构，应对经济波动能力有限，而信用评价不准确导致借贷双方存在严重的信息不对称，投资者识别风险失败和违约率升高最终导致去中介化交易方式难以为继。以往研究文献多认为互联网金融应该加强监管和担保以降低风险，本书从互联网金融本质特征出发，以构建去中心化金融体系为目标，研究当前网络借贷平台征信体系的缺陷，通过大量数据分析刻画成功获得贷款和出现违约的借款人特征，为建立一个更加有效的区块链征信系统提供入口。

5.3 互联网征信有效性实证分析

5.3.1 征信有效性相关假设

投资者做出投资决策主要以借款人信用等级和其他信用信息作为参考，如果平台不能准确识别借款人信用风险，说明平台征信有效性低，不利于普惠金融的发展。因此，本书首先以人人贷平台能否准确识别和衡量借款人信用风险为假设前提，并提出以下具体假设：

假设1：投资者根据信用等级进行投资决策，信用等级越高的借款人借款成功率越高。

假设2：信用等级与违约率高度相关，信用等级越高违约率越低。

假设3：投资者识别借款人信用风险存在非理性认知。

5.3.2 数据说明与模型设计

实证研究将人人贷对借款人评价的信用等级与借款成功率、违约率作为征信有效性说明指标。人人贷平台对借款人进行信用风险评价后会计算得出两个指标：信用分数和信用登记。借款人信用分数是在个人认证资料通过人人贷平台及其合作机构审核后获得的，信用等级由信用分数转化而来，每个信用等级都对应一定的信用分数（见表5-1），信用等级和信用分数都是借款人的重要信用属性，是预测和判断借款人违约风险的重要依据①。但以信用分数分析信用对借贷行为的影响因素，我们认为至少有三方面不合理性或原因：①因为网页设计的技术原因，人人贷平台上借款人信用分数不容易观察到，申请借款中，由于大多数投资者在决定是否投标时看不到借款者信用分数，投资者无法获取信用分数也就不能将其作为衡量借款者风险的选项，投资者与借款人之间信息不对称较为明显，衡量借款人违约风险必须站在投资者的角度将可获得的信息纳入风险评价模型，无法直接观测到的信息只能作为误差项存在。②人人贷信用评价体系规定如果借款人本月正常还款、未出现逾期，信用分数则可增加 1 分；如果借款人本月还款出现 30 天（含）以内逾期，则扣减 33 分；如果出现严重逾期（30 天以上逾期），则信用分数清零；如严重逾期款项全额结清，信用分数恢复至 90 分。可见，对于成功获得过借款的平台用户，能观测到的信用分数是还款表现的结果，而非影响还款表现的原因。假设平台上一个借款人 Y，在初始时期 $T-1$ 成功获得第一笔贷款，初始信用分数为 $Score_{t-1}$，信用分数影响借款成功率的机制可简化为 $P（Y）=f（Score_{t-1}）+\varepsilon$。当前时间为 T，Y 已经如期还清全部款项而且又上传了更多认证资料，信用分数增加至 $Score_t$，预计 Y 下次借款时间为 $T+1$，$Score_t$ 仅可作为 $T+1$ 时期预测 Y 未来违约风险的参考指标，不可作为已经清算借款订单的违约风险影响因素，也就是说不能用 T 时期的 $Score_t$ 判断其对 $T-1$ 时期的借款行为是否存在影响，因为 $Score_t$ 是 $T-1$ 到 T 时期借贷行为完成后的结果，初始 $Score_{t-1}$ 才是影响 $T-1$ 时期借款成功率的信用因素，而目前，只能得到 $Score_t$ 无法观测到的历史上的任何 $Score_{t-1}$。③人人贷平台上信用等级和

---

① http：//www.renrendai.com/help/borrow/borrow！creditrating.action.

信用分数变化不完全一致，如人人贷上借款订单编号为 328557 的借款①，借款人信用分数已经清零，但信用等级仍然为 A，这可能是人人贷平台有意为之或是信用体系的技术漏洞，部分投资者因此受到误导，但信用等级保持不变为研究信用对借款行为的影响提供了依据，信用等级可作为借款成功率和违约率的影响因素和计量指标。

表 5-1 　　　　　　　　　人人贷借款人信用等级与信用分数区间

信用等级	HR	E	D	C	B	A	AA
分数区间	0~99	100~109	110~129	130~149	150~179	180~209	210+

数据来源：人人贷官网。

1. 数据来源

本节主要将人人贷 2014—2015 年全部借款订单作为初始样本，样本类型包括信用认证标、机构担保标和实地认证标，其中机构担保和实地认证的借款订单成功率接近 100%，借款人在决定投标时主要考虑担保人而非根据借款人披露信息分辨风险与收益。为保证数据可靠性和符合研究目的，本书对样本作了剔除处理：①剔除机构担保标和实地认证标，保留信用认证标；②剔除平台或个人测试借款订单、字段信息不完整订单、含有恶意信息或以广告形式发布的借款订单；③剔除 22 岁以下借款人申请的借款订单。最终得到 192929 个观测样本，其中成功借款 13148 个，还款违约 2275 个。

2. 变量选取与说明

（1）被解释变量

借款是否成功（success）：若借款订单成功取值为 1，借款流标取值为 0。

借款利率（rate）：人人贷目前的利率范围为 7%~24%。在人人贷

———————

① https：//www.we.com/loan/328557.

平台上借款的最高年利率设定为同期银行借款年利率的 4 倍。且随着银行借款利率的调整，人人贷的利率上限也将随之调整，在利率调整之前成功的借款不受调整影响。

还款是否违约（default）：若借款违约取值为 1，正常和提前还款取值为 0。

（2）解释变量

借款金额（lamount）：借款范围为 1000～1000000 元，本节所取为借款订单对应的对数值。

借款期限（term）：由借款人自行设定，最短 3 个月，最长 36 个月。

借款利率（rate）：借款人设置的借款利率。

性别（gender）：男性取值为 1，女性取值为 0。

收入（income）：借款人月收入在 1000 元以下取值为 1，1000～2000 元取值为 2，2000～5000 元取值为 3，5000～10000 元取值为 4，10000～20000 元取值为 5，20000 元以上取值为 6。

年龄（age）：借款人实际年龄，可观测范围为 22～58 岁。

学历（education）：高中或以下为 1，大专为 2，本科为 3，研究生或以上为 4。

婚姻（marriage）：反映借款人婚姻状况，借款人未婚为 1，当借款人已婚、离异或丧偶时取值为 0。

工作年限（worktime）：工作 1 年以下取值为 1，1～3（含）年取值为 2，3～5（含）年取值为 3，5 年以上取值为 4。

信用等级（credit）：人人贷上信用等级由低到高分为 HR、E、D、C、B、A 和 AA，对 HR 级借款人赋值为 1，E 级借款人赋值为 2，D 级借款人赋值为 3，C 级借款人赋值为 4，B 级借款人赋值为 5，由于信用认证标中 A 级和 AA 级借款人数量较少，将 A 级及以上借款人赋值为 6。

信用分数（creditscore）：每个信用等级对应着一个信用分数区间，借款人在平台上传递个人信息后，借贷平台根据系统规则和人工审核方式对借款人进行信用评分，将最终得到的信用等级公布在借款订单和个人信息页面，但由于技术操作原因，平台未将借款人信用分数置于明显位置，大部分投资者不能直接观测到这一指标。信用分数可能比信用等级更为准确地反映借款人信用风险，信用分数在网站页面源代码中可以获取。

3. 模型构建

基于以上变量，本节构建三个实证模型，先分别考察信用等级和信用分数对借款成功率、借款利率和借款违约率的影响，模型（1）和模型（3）使用 Probit 方法进行回归，模型（2）使用 Tobit 回归方法。

$$
\begin{aligned}
Success = &\beta_0 + \beta_1 credit + \beta_2 lamount + \beta_3 term + \beta_4 rate + \beta_5 gender + \beta_6 income + \\
&\beta_7 age + \beta_8 education + \beta_9 marriage + \beta_{10} worktime + \beta_{11} house + \beta_{12} car \\
&+ \beta_{13} houseloan + \beta_{14} carloan + \varepsilon \quad\quad\quad\quad\quad\quad (1)
\end{aligned}
$$

$$
\begin{aligned}
Rate = &\beta_0 + \beta_1 credit + \beta_2 lamount + \beta_3 term + \beta_4 gender + \beta_5 income + \beta_6 age + \beta_7 \\
&education + \beta_8 marriage + \beta_9 worktime + \beta_{10} house + \beta_{11} car + \beta_{12} houseloan \\
&+ \beta_{13} carloan + \varepsilon \quad\quad\quad\quad\quad\quad\quad\quad\quad\quad\quad\quad (2)
\end{aligned}
$$

$$
\begin{aligned}
Default = &\beta_0 + \beta_1 credit + \beta_2 lamount + \beta_3 term + \beta_4 rate + \beta_5 gender + \beta_6 income + \\
&\beta_7 age + \beta_8 education + \beta_9 marriage + \beta_{10} worktime + \beta_{11} house + \beta_{12} car + \\
&\beta_{13} houseloan + \beta_{14} carloan + \varepsilon \quad\quad\quad\quad\quad\quad\quad (3)
\end{aligned}
$$

5.3.3　实证结果分析

1. 描述性统计

表 5-2 列示了主要变量的统计描述结果，（A）为全部借款样本统计结果，用于研究借款成功率及信用因素对成功率的影响，（B）为全部成功借款的样本统计，用于研究违约率及信用因素对违约率的影响。

通过（A）和（B）比较分析可以发现，success 均值为 0.0625，表明全部借款订单中借款成功率为 6.25%①，在信用认证状态下通过 P2P

———————

① 人人贷全部信用认证的借款订单中存在大量无效订单，导致计算出的成功率低，但这不是实际借款成功率，实际借款成功率取决于最终有效样本，剔除的无效订单越多成功率越高，部分借款订单属于平台自身或个人操作测试且无法进行判断和剔除，本样本中仍然含有少量无效订单，所以实际借款成功率应略高于此值。此外也有学者得到远高于 6.25% 的成功率，实际是将实地认证标或机构担保标同时计算在内，本节只计算信用认证标的借款成功率。

表 5-2　　　　　　　　　　借款申请和成功借款订单描述性统计

(A)				(B)			
变量	观测数	均值	标准差	变量	观测数	均值	标准差
success	191080	0.0625	0.2420	default	13148	0.1730	0.3783
rate	191080	12.4844	1.4749	rates	13148	11.8862	1.1328
credit	191080	1.0801	0.3891	credits	13148	1.7101	0.9164
creditscore	191080	22.9950	27.0455	creditscores	13148	79.5267	43.6001
lamount	191080	10.3897	1.1491	lamounts	13148	9.6875	0.6727
term	191080	17.9266	9.3157	terms	13148	14.3513	8.3940
income	191080	3.8831	1.0033	incomes	13148	3.9401	0.9380
gender	191080	0.9746	0.4532	genders	13148	0.9651	0.4696
age	191080	31.6449	6.4533	ages	13148	32.8370	6.4221
education	191080	1.8983	0.7882	educations	13148	2.1855	0.8049
marriage	191080	0.4436	0.4968	marriages	13148	0.3715	0.4832
worktime	191080	2.3777	0.9937	worktimes	13148	3.7500	0.9966
house	191080	0.4483	0.4973	houses	13148	0.5270	0.4993
houseloan	191080	0.1492	0.3563	houseloans	13148	0.2277	0.4194
car	191080	0.2581	0.4376	cars	13148	0.3285	0.4697
carloan	191080	0.0641	0.2450	carloans	13148	0.0847	0.2784

　　说明：（A）中原数据观测数为 192929 个，由于操作原因，极少量数据被删除，但并不影响整体统计水平，（B）中约有 5% 的样本不包括在（A）样本中。

网络借贷平台成功获得借款的可能性较低；default 均值反映出人人贷平台上的违约率高达 17.30%[①]。较低的借款成功率和极高的违约率在理论上无法兼容，两者能够共存说明对于信用认证方式，中国网络借贷环境和信用评价体系存在信用风险识别盲区和巨大风险漏洞，如果不能找

---

　　① 违约率=违约订单数量/成功借款数量×100%，本节违约率仅为信用认证标的违约率，若将实地认证和机构担保的借款订单包括在内，平台整体违约率仅为 1.32%。

出高违约发生率的原因，不采取补救措施或者任其自由发展，很可能会引发平台风险进而影响整个金融体系的稳定性。此外，信用认证标过高违约率和过低借款成功率将导致网贷平台和借款人倾向于采取实地认证或机构担保，投资者会减少对信用认证借款人的投标次数和投标金额，最终信用认证越来越少，平台上实地认证和机构担保的标的将大量增多，实际上这正是中国 P2P 网络借贷平台目前防范风险中正在发生的行为和发展趋势。然而，理想的互联网金融是去中介化，点对点直接交易，信用认证的减少意味着借款中间环节的增加，虽可降低风险但又将提高全社会的交易成本，由于信用体系不完善中国互联网金融面临着成本与风险的权衡。

（A）中全部借款人信用等级均值为 1.08，信用分数约为 23.00 分，表明大部分借款人信用等级较低，经过数据分析发现最低信用等级 HR 借款人占比高达 94.95%；（B）中成功获取贷款的借款人信用等级均值为 1.71，信用分数约为 79.53 分，表明投资者更青睐高信用者。（A）中平均借款期限约为 18 个月，平均借款金额为 6.11 万元，年利率均值为 12.48%，（B）中借款期限、金额和年利率的均值都低于申请借款样本均值，说明投资者认为短期、小额、利率适中的贷款更安全和更具有投资价值。借款申请的利率和成功借款的利率均值与 2014 年之前相比都略有下降，但仍然远高于银行，借款者提供短期、小额和高于银行的利率一方面吸引了大量有理财需求的投资者，网络借贷市场规模得以迅速扩张，另一方面银行逐渐失去了理财客户，在互联网金融的冲击下银行业需要加快改革进程。进一步对比发现，（B）中借款人月收入、年龄、工作时间均值都略高于（A），但信用等级和其他因素能否构成影响还需要从计量和经济学理论上进行深入分析。

表 5-3 和表 5-4 分别按照不同信用等级对申请借款和成功借款进行描述性统计。从借款成功率来看，AA&A 级①、B 级、C 级借款人成功率基本无差异且低于 D 级和 E 级借款人，说明借款成功率并不完全取

---

① 为方便统计和计量，本书将 A 级和 AA 级作为同一信用等级。

决于信用等级高低，信用风险最高的 HR 级借款成功率仅为 3%。而 HR
级借款人违约率为 31%，远远高于其他信用等级，D 级和 E 级借款人
借款成功率最高达到 59%，违约率却最低，仅为 2%，从数据统计结果
来看，D 级和 E 级借款是全部信用认证中质量最高的借款订单。AA&A
级借款违约率达到 10%，有可能是因样本量过小不具有代表性。此外，
无论是申请借款还是成功借款，利率水平、借款期限都随信用等级升高
而降低，说明在需求端，高信用借款人将提供低利率，低信用借款人为
获得资金倾向于提供高利率以吸引投资者，在供给端，投资者对低质量
借款提出更高收益率以弥补未来不确定性风险，低利率对应着低风险，
高利率对应着高风险，经济学中风险与收益的基本理论在点对点借贷市
场中也得到现实验证。在同一信用等级内，成功借款的借款金额、借款
期限平均水平普遍低于全部申请借款对应的均值，说明在同一信用等级
内，投资者投向金额小期限短的借款可能性更大。

表 5-3　　　　　　　　借款申请订单分信用等级主要变量统计

变量	AA&A		B		C		D		E		HR	
	Obs	Mean	Obs	Mean	Obs	Mean	Obs	Mean	Obs	Mean	Obs	Mean
success	132	0.45	205	0.44	412	0.44	3637	0.59	5317	0.59	181377	0.03
rate	132	10.03	205	11.12	412	11.50	3637	11.91	5317	12.03	181377	12.51
creditscore	132	188.34	205	152.87	412	132.10	3637	113.23	5317	101.13	181377	18.38
lamount	132	10.32	205	10.84	412	10.52	3637	10.17	5317	10.12	181377	10.40
term	132	12.02	205	14.71	412	14.01	3637	15.64	5317	15.51	181377	18.06
income	132	4.57	205	5.02	412	4.60	3637	4.14	5317	3.98	181377	3.87
age	132	34.84	205	36.26	412	36.01	3637	33.46	5317	32.84	181377	31.56
education	132	2.43	205	2.52	412	2.28	3637	2.36	5317	2.25	181377	1.88
marriage	132	0.12	205	0.13	412	0.19	3637	0.33	5317	0.38	181377	0.45
worktime	132	3.10	205	3.16	412	3.18	3637	2.89	5317	2.74	181377	2.35

在表 5-4 中，我们还可以观察到，借款人收入水平、年龄、受教育

水平、工作年限等都随信用等级升高表现为一定程度的上升趋势。在表5-3 中 HR 级以上借款申请仅占比5%，说明大部分借款人都具有高风险特点，表 5-4 中 HR 级以上借款占比为 46.64%。

表 5-4 借款成功订单分信用等级统计

变量	AA&A		B		C		D		E		HR	
	Obs	Mean	Obs	Mean	Obs	Mean	Obs	Mean	Obs	Mean	Obs	Mean
default	59	0.10	94	0.03	182	0.07	2287	0.02	3510	0.02	7016	0.31
rates	59	10.14	94	11.30	182	11.41	2287	11.60	3510	11.74	7016	12.09
creditscores	59	183.81	94	149.55	182	126.01	2287	112.87	3510	100.91	7016	54.94
lamounts	59	9.98	94	10.08	182	10.01	2287	9.72	3510	9.68	7016	9.66
terms	59	10.17	94	13.66	182	12.76	2287	13.92	3510	13.06	7016	15.22
incomes	59	3.98	94	4.35	182	4.13	2287	3.97	3510	3.95	7016	3.91
ages	59	35.19	94	36.28	182	35.49	2287	33.04	3510	32.68	7016	32.71
educations	59	2.41	94	2.53	182	2.34	2287	2.41	3510	2.23	7016	2.08
marriages	59	0.10	94	0.13	182	0.20	2287	0.34	3510	0.39	7016	0.38
worktimes	59	3.24	94	3.21	182	3.14	2287	2.86	3510	3.73	7016	3.71

2. 信用等级对借款成功率的影响

表 5-5 中，1、3、5、7 列报告了信用等级（credit）对借款成功率影响的估计结果，信用等级系数均显著为正，表明高信用借款人更容易在网络借贷中获得贷款。借款金额、借款利率与借款成功率显著负相关，表明投资者认为借款金额和利率越高，借款人违约风险越大。2、4、6、8 列报告了信用等级对借款利率影响的估计结果，信用等级系数显著为负，表明借款人信用越高借贷成本越低。个人信息中，年龄、教育水平、工作年限与借款成功率显著正相关，与借款利率显著负相关，说明年龄越大、教育水平越高、工作时间越长的借款人更容易借款成

功，更倾向于设定较低利率。现有研究忽视了年龄的二次项对借款①的影响，在加入年龄二次项后，第 5 列和第 7 列显示出并非年龄越高成功率越高，年龄的二次项与借款成功率呈显著负相关关系，表明在到达一定年龄后的借款人，年龄越高借款成功率越低。

以上是在存在信用等级差异情况下，借款订单属性和借款人信息对借款成功率影响的相关分析，也是通常使用的分析方法和角度，但回归结果中无法判断同一信用等级借款受哪些因素影响，不同信用等级借款成功率的影响因素和受影响程度是否一致，同一信用等级借款人中，哪些借款人更易出现违约风险，投资者如何对不同程度违约风险的借款人进行再次识别和筛选，这些问题迫切需要深入研究和解答，才有可能在更好地识别风险的基础上使网络借贷大范围的违约现象得到缓解，极高的违约率得以降低。

表 5-5　　　　借款成功率和借款利率的信用等级差异回归结果

变量	1	2	3	4	5	6	7	8
	success	rate	success	rate	success	rate	success	rate
credit	0.9757 (0.0000)	−0.0037 (0.0000)	1.0028 (0.0000)	−0.0025 (0.0000)	0.9200 (0.0000)	−0.0037 (0.0000)	0.8976 (0.0000)	−0.0024 (0.0000)
lamount			−0.3638 (0.0000)	—			−0.5248 (0.0000)	—
term			0.0091 (0.0000)	0.0008 (0.0000)			0.0145 (0.0000)	0.0008 (0.0000)
rate			−6.1712 (0.0000)	—			−5.1803 (0.0000)	—
income					−0.0309 (0.0000)	0.0003 (0.0000)	0.1709 (0.0000)	0.00024 (0.0000)

---

① 经过回归发现，在加入年龄的二次项后，年龄和年龄的二次项对利率的设定都没有显著性。

续表

变量	1	2	3	4	5	6	7	8
	success	rate	success	rate	success	rate	success	rate
age					0.0266	0.00003	0.0338	−0.00002
					(0.0002)	(0.0000)	(0.0000)	(0.0000)
age^2					−0.0003		−0.0003	
					(0.0005)		(0.0040)	
education					0.1597	−0.00006	0.2131	−0.00024
					(0.0000)	(0.1957)	(0.0000)	(0.0000)
marriage					−0.0252	0.0003	−0.0576	0.00015
					(0.0417)	(0.0000)	(0.0000)	(0.0257)
worktime					0.1271	0.0003	0.1658	−0.00012
					(0.0000)	(0.0000)	(0.0000)	(0.0002)
constant	−2.7142	0.1288	−0.1154	0.1134	−3.6564	0.1268	0.7556	−0.1136
	(0.0000)	(0.0015)	(0.0349)	(0.0000)	(0.0000)	(0.0000)	(0.0000)	(0.0000)
Obs	191080	191080	191080	191080	191080	191080	191080	191080
R-squared	0.1768	0.0092	0.2400	0.2595	0.1958	0.0109	0.2869	0.2604

注：括号内为标准差，下同。其他控制变量包括 house、houseloan、car、carloan 等。

3. 同一信用等级借款成功率影响因素分析

根据表 5-6 的回归结果，几乎每一项指标随着信用等级变化对借款成功率的影响及影响程度都有所差异，说明投资者在识别信用风险过程中，对不同级别借款人各项信息考虑范围和重视程度并非一致，随着信用等级降低，投资者做出决策的依据越多。对于 AA&A 级借款，借款成功率主要取决于借款利率和期限，其他因素不具有显著性影响；对于 B 级借款，借款成功率主要与借款金额、利率水平和借款者年龄相关；C 级借款成功率与借款金额和借款人收入水平显著相关；D 级借款成功率与借款金额、期限、利率，借款人收入、教育水平、婚姻状况显著相关；对于 E 级借款，投资者又增加了对借款人工作年限的考虑，但婚姻状况变得不显著；而对于 HR 级借款，借款人所有信息都对借款能否成功均存在显著影响。

表 5-6　　　　　同一信用等级借款成功率影响因素估计结果
（被解释变量是 success）

变量	（1）AA&A	（2）B	（3）C	（4）D	（5）E	（6）HR
lamount	−0.7442 (0.4713)	−0.6691 (0.0000)	−0.5335 (0.0000)	−0.9728 (0.0000)	−1.0636 (0.0000)	−0.4847 (0.0000)
term	−0.0413 (0.0156)	−0.0163 (0.3034)	−0.0011 (0.9142)	0.0280 (0.0000)	0.0029 (0.0805)	0.01632 (0.0000)
rate	0.1406 (0.0615)	0.2130 (0.0590)	0.0658 (0.2694)	−0.2206 (0.0000)	−0.0725 (0.0019)	−0.0530 (0.0317)
income	−0.1271 (0.9269)	−0.0805 (0.4197)	0.1322 (0.0489)	0.2650 (0.0000)	0.3569 (0.0000)	0.1812 (0.0000)
age	0.0533 (0.0959)	0.0717 (0.0022)	0.0107 (0.3907)	0.0093 (0.0509)	0.0142 (0.0003)	0.0125 (0.0001)
education	0.0982 (0.6442)	−0.1968 (0.1231)	0.0081 (0.9199)	0.2057 (0.0000)	0.1180 (0.0000)	0.2016 (0.0000)
marriage	−0.2238 (0.6537)	0.0381 (0.9080)	−0.2392 (0.2240)	−0.1267 (0.0372)	−0.0019 (0.9695)	−0.0754 (0.0001)
worktime	0.1268 (0.4371)	−0.0030 (0.9799)	0.0521 (0.4783)	0.0206 (0.4459)	0.0879 (0.0001)	0.1822 (0.0000)
house	0.4686 (0.1984)	−0.0381 (0.8987)	−0.3463 (0.0354)	−0.0280 (0.6538)	−0.0606 (0.2472)	−0.0081 (0.5879)
houseloan	−0.0270 (0.9341)	−0.3355 (0.2017)	0.1240 (0.4490)	−0.0096 (0.8806)	0.1477 (0.0081)	0.1410 (0.0000)
car	−0.7632 (0.0404)	−0.3698 (0.1464)	0.2469 (0.1396)	−0.1177 (0.0417)	−0.0687 (0.1716)	0.0496 (0.0024)
carloan	−0.0457 (0.9063)	0.6934 (0.0317)	−0.1537 (0.4841)	0.1286 (0.1661)	0.2235 (0.0052)	0.0755 (0.0059)

变量	(1)	(2)	(3)	(4)	(5)	(6)
	AA&A	B	C	D	E	HR
constant	−2.5472	3.4021	3.6275	10.4769	9.4354	1.4731
	(0.1515)	(0.0425)	(0.0001)	(0.0000)	(0.0000)	(0.0000)
Obs	132	205	412	3637	5317	181377
R-squared	0.1414	0.2631	0.1286	0.2812	0.2971	0.1254

从借款人个人特征来看，收入水平、学历和工作年限与低信用等级借款的成功率显著正相关，收入越高、受教育程度越高、工作时间越长，借款成功可能性越大，与高信用等级借款成功率相关性不显著；从婚姻状况来看，婚姻状况与高信用等级借款成功率无关，对于 HR 级借款，marriage 取值越小，借款成功率越低，即在保持其他因素不变时，未婚借款人获得贷款的概率更大；除 C 级借款外，借款人年龄都对借款成功率具有一定程度的正向影响，对 B 级、E 级和 HR 级借款成功率的影响非常显著，且年龄的二次项与 HR 级借款成功率显著负相关，与其他信用等级借款相关性不大，这意味着年龄与 HR 级借款成功率呈倒 U 形关系，对其他信用等级借款只有正向影响。

一般情况下，借款金额越高未来还款的不确定性越大，从 B 级至 HR 级都可以观察到借款金额与借款成功率的显著负相关关系，但 AA&A 级借款的成功率与借款金额没有显著相关性，说明投资者对最高信用等级借款人具有较高认可和信任程度，主要考虑能否在短期内获得更高回报。借款期限与 A 级借款成功率显著负相关，与 B 级和 C 级借款成功率关系不显著，与 D 级及以下级别借款成功率显著正相关。借款利率与 A 级和 B 级借款正相关，与 C 级借款没有显著相关性，与 D 级及以下级别借款显著负相关。借款期限和利率对借款成功率的影响具有双面性，对于高信用借款人，投资者具有一定程度的非理性行为，认为信用等级高信用风险就低，仅追求借款周期短和高回报，而忽视其他可能引起违约风险的借款人信息；对于低信用借款人，投资者认为高利率借款具有高风险性，周期长利率低的借款更安全，投资者具有相当程度的理性行为，并非始终追求高回报。综合来看，投资者对高信用等级借款人还款能力估计过高，对高风险借款人还款能力的估计则更加谨慎。

4. 同一信用等级违约借款特点分析

既然影响不同信用等级借款人借款成功率的因素有所差异，投资者对不同信用等级借款人关注程度不同，那么导致不同信用等级的借款人出现违约风险的因素可能也存在巨大差异，表5-7列示了不同信用等级借款人违约情况，和同一信用等级下，发生违约的借款人特征。

对于AA&A级借款，借款金额与违约率呈正相关，借款人受教育水平与违约率呈显著负相关关系，但在表5-7中可以看出，投资者并未将借款人受教育水平作为信用风险的影响因素，忽视了教育对于一个人诚信意识和履约行为的重要影响，在没有进一步筛选的情况下过高估计借款人还款能力导致AA&A级借款人违约率高达10%以上。对于C级借款，借款金额同样与违约率正相关，其他变量与违约率相关性不显著，说明投资者可通过减少对借款金额高的C级借款人借款数量进一步降低违约率。B级借款中，所有指标对违约率影响均不显著，B级借款违约率仅为3.19%，一种可能是由于样本量和违约率都较低，现有样本无法刻画B级违约借款人特点，另一种可能是投资者在投标前通过对B级借款人年龄的严格筛选，降低了违约风险。对于D级借款，借款人受教育水平与违约率显著负相关，工作年限与违约率显著正相关，一般情况下随着工作时间增加和工作经验积累，履约能力更强，违约率应该是下降趋势，但人人贷D级借款人违约情况不符合传统的经验认识，具体原因和逻辑基础有待进一步研究，总的来看D级借款人违约率仅为1.84%，是所有借款中违约率最低的信用等级。E级借款违约率为2.14%，估计结果表明，可以再次从借款金额、期限和利率，借款人年龄和受教育水平进行筛选，有望进一步降低违约率。

值得注意的是，前五个信用等级中，借款期限、利率和收入水平与违约率均无显著相关性，而投资者倾向于为收入水平高的借款人提供资金（见表 5-6），通过比较可以发现，投资者可以放宽对借款人收入水平的重视程度，将借款金额、借款人年龄和受教育水平等信息纳入风险评价过程，这样做的好处和理由是在不增加违约甚至降低违约率的情况下提高借款成功率，使更多资金需求者获得贷款，有利于促进整个金融市场金融服务可获得性和提高资源配置效率。

表 5-7　　　　　同一信用等级违约借款特征估计结果

（被解释变量是 default）

变量	（1） AA&A	（2） B	（3） C	（4） D	（5） E	（6） HR
lamount	0.7806 (0.0860)	0.2679 (0.6041)	0.4854 (0.0190)	0.0911 (0.3763)	0.2214 (0.0124)	0.1187 (0.0001)
term	0.0082 (0.8537)	0.1043 (0.1900)	−0.0273 (0.4219)	0.0176 (0.2135)	0.0913 (0.0000)	0.0186 (0.0000)
rate	0.2297 (0.3700)	−0.5344 (0.3678)	0.1743 (0.3543)	0.0209 (0.8106)	−0.6517 (0.0000)	0.1135 (0.0000)
income	0.5083 (0.2233)	0.5132 (0.3007)	0.0534 (0.7656)	0.0867 (0.2558)	0.0756 (0.2036)	0.0772 (0.0001)
age	−0.1694 (0.0897)	0.0795 (0.3728)	0.0049 (0.8695)	0.0134 (0.2402)	0.0276 (0.0015)	0.0206 (0.0000)
education	−1.1667 (0.0569)	0.2346 (0.6334)	−0.2275 (0.2515)	−0.2065 (0.0133)	−0.1398 (0.0356)	−0.2995 (0.0000)
marriage	1.8040 (0.1477)	1.6759 (0.2064)	0.6611 (0.2010)	−0.0475 (0.7961)	0.0765 (0.1954)	−0.0913 (0.0216)
worktime	−0.2515 (0.5498)	0.4606 (0.4605)	−0.0925 (0.6551)	0.1927 (0.0168)	0.0634 (0.2871)	−0.0372 (0.0426)
house	—	−1.8872 (0.1849)	0.0342 (0.9294)	0.0381 (0.8221)	0.0765 (0.5591)	0.0669 (0.0952)

续表

变量	（1）	（2）	（3）	（4）	（5）	（6）
	AA&A	B	C	D	E	HR
houseloan	—	2.4101	—	−0.0864	−0.2858	−0.2559
		（0.0815）		（0.6190）	（0.0553）	（0.0000）
car	—	—	0.0971	0.2038	0.0751	−0.2750
			（0.8150）	（0.1740）	（0.5650）	（0.0000）
carloan	—	—	−0.2728	−0.4563	0.1486	0.0922
			（0.6367）	（0.1276）	（0.3858）	（0.1896）
constant	−5.0444	−8.1733	−8.0335	−4.4779	0.8529	−3.4255
	（0.3540）	（0.2587）	（0.0078）	（0.0007）	（0.4756）	（0.0000）
Obs	59	94	182	2287	3510	7014
R-squared	0.4972	0.4004	0.1565	0.0895	0.1362	0.0838

对于 HR 级借款人，多项指标与违约率存在相关关系，根据表 5-6 和表 5-7 中 HR 级的两项估计结果可以发现，市场关于借款金额、借款利率、借款人受教育程度和工作年限对违约风险影响的评价基本符合实际，然而市场关于借款期限、借款人收入水平、年龄、婚姻状况对违约风险影响的评价与现实情况存在显著差异！在申请借款时，借款期限越长、收入水平越高、年龄越大和未婚的 HR 级借款人更具优势，借款成功可能性更大，但实际上在控制住其他变量后，这四种因素存在时反而更易引发违约风险，投资者或者说整个市场在对违约风险影响因素的评价中存在巨大缺陷，对借款标的和借款人部分信息的价值存在误解。HR 级借款人占借贷申请总量的 94.95%，违约率高达 31.34%。网络借贷平台海量数据为发现风险评价缺陷提供了重要线索和证据，根据计量分析结果，如果市场能够在正确理解借款期限、收入水平、年龄和婚姻状况对违约风险的影响将有助于提高整个 P2P 网络借贷市场的安全性。

5.3.4 实证研究结论

传统金融机构在目前金融体系框架下提供普惠金融服务的成本高、风险大、征信技术水平低，互联网金融以技术为核心，以去中介化为理念，具有推动中国普惠金融发展的潜力。然而，从实证结果可以看出，网络借贷信用风险评级缓解风险信息问题的能力仍然不足，反映了针对发展普惠金融的征信有效性不足。

（1）征信覆盖范围远低于金融需求面。根据人人贷平台金融交易的数据样本，提交给央行征信中心的信用报告不到20%，网络借贷平台缺失权威机构的信用报告作为参考，使平台倾向于高估借款人的信用风险，降低了投资者对平台和借款人的信任程度。一些还款能力相对较低，但还款意愿较高的次优级借款人因不能出具信用报告而无法享受金融服务，这造成了网络借贷金融服务可获得性低的结果。

（2）互联网征信未能准确识别客户信用风险。信用风险识别失败因素之一是信用信息源真实性不能验证。部分借款人为提高获得资金的可能性，会在录入个人信用信息时高估某些指标，使平台计算出的借款人信用等级偏高，投资者将面对风险高于公布的信用等级的标的，最终将使投资者面临更高的风险。信用风险识别失败因素之二是网络借贷信用评级不规范、核心风控能力缺失。网络借贷因为发展时间短，行业经验积累不足，风险控制模型有待进一步优化，在计算了某些信用信息指标对信用风险的影响时存在较高误差。信用风险识别失败因素之三是对投资者的风险提示不够，没有提供风险可承受能力的计算服务。任何投资者或高或低都有一定的风险承受范围，网络借贷平台也应要求投资者录入相关信用信息以衡量投资者风险承受能力和风险偏好。因为部分投资者在高收益率的驱使下，很容易出现情绪冲动，采取不理智行为，将大量资金投资到高收益率的标的而忽视了高收益高风险这一行业公理。

（3）信用信息无法共享的现实仍未改变。截至2017年6月，中国正在运行的网络借贷平台共有 2359 家①，每一家都有各自的信用评级系统，几乎全部最终的信用评级结果都是不相关的、分散且独立存在的，平台之间信用信息无法共享，相比没有互联网金融的时代，借款人过度借贷的可能性大大提高。

　　总之，公共征信或市场征信都未能有效提供信用信息共享机制以缓解信息不对称问题，金融可获得性低、金融服务成本高、信用风险识别不准确等都因征信有效性不足成为发展普惠金融不可逾越的障碍。征信业落后于信用经济发展，对金融活动支持作用不足的现状迫切需要得到解决，区块链技术为征信业的发展提供了一种思路，构建区块链征信系统将很有可能改变中国的征信体系和征信方式。

---

① 数据来源于第一网贷发布的《2017 年上半年全国 P2P 网贷行业报告》。

第6章 区块链技术在普惠金融发展中的应用与创新

6.1 区块链技术的发展现状

技术进步在经济增长和经济发展中曾起到重要的推动作用,从第一次工业革命蒸汽机在生产活动中的使用,到第二次工业革命电力的广泛应用,再到原子能和信息技术的研究突破,技术进步不断改变着人类生活的方方面面,而几乎每次重大的技术进步都伴随着经济增长速度的大幅提升和经济发展动力的转换,这是技术进步对经济和社会影响的潜在力量与内在发展规律的本质体现。而区块链技术的发明是为了实现点对点电子现金这个目标,区块链技术也将为解决其他各种紧迫问题提供可行方案。区块链技术被世界各国政府、业界和学术界视为一项革命性创新技术,被认为将对整个社会结构和经济发展方式产生重大影响,区块链技术的发展和影响能否为经济繁荣做出重要贡献仍然有待时间的考验和实践检验,但从在金融业的实际应用现状来看,除数字货币外,在支付清算、数字票据、证券登记与发行等金融业务领域已经陆续出现相关具体应用的落地,区块链技术对提高金融资源配置效率和缓解信息不对称具有重要作用,提高了金融普惠性,随着区块链技术的进一步应用,有可能对中心化的金融服务和金融体系产生革命性影响。

6.1.1 区块链技术发展：政策层面

世界多数国家对区块链技术持开放态度，已经有 20 多个国家正在投资区块链技术，90 多个中央银行加入了区块链技术讨论。由于区块链技术对金融体系潜在影响较大，各国政府在探索技术变革带来效率优势的同时，也密切关注可能引发的风险，甚至一些国家将区块链技术、大数据和人工智能等信息技术上升到国家战略层面，这在降低政策环境不确定性的基础上必将有利于推动技术创新、产业融合和经济发展的转型升级。

英国政府科学办公室（Government Office for Science，GOS）在 2016 年组织了来自商业、政府和学术界的多位专家，对区块链技术应用的潜力进行研究，认为区块链技术将为政府服务带来机遇，政府部门通过改善自身业务流程使政府服务更加人性化、更加快捷和高效，为公民和企业提供高质量服务，进一步满足公众的需求，但前提是政府内部需要具备相应能力和技术。GOS 为政府和其他部门怎样利用区块链技术增加社会效益并避免可能的风险提出了建议，同时介绍了五种区块链技术的应用：①许多国家采用数字技术建立基础设施的情况逐渐增多，大多数数字系统需要接入互联网，来自黑客或其他组织的入侵将为数字系统带来风险，数字系统中的登记信息、通信数据或交易信息存在被截取和篡改的危险，区块链技术可用于保护重要基础设施的数字系统，监控系统状态，及时发现不良行为，保证基础设施内数据的完整性。②在税收领域，增值税偷逃有多种方式，欧洲每年因此损失的增值税大概在 1500 亿欧元以上，区块链技术有潜力让交易更加透明和可追踪，较传统会计方法更容易监测到增值税欺诈行为，可有效解决增值税偷逃问题，降低征收增值税带来的行政成本。③在捐赠和国际援助方面，区块链技术可以不需要依赖传统银行机构来提高资金转移效率，不需要经过复杂的政府官僚层级，从而绕过可能的欺诈和腐败，将捐赠和援助资金直接发放给受捐者。④对中小企业来说，区块链技术可降低中小企业与政府或其他机构交涉产生的交易成本，同时，专利等知识产权可以存储在区块链中形成数字资产和所有权证明，有利于保护中小企业产权利益，减少因产权利益纠纷引起的市场摩擦，促进中小企业发展。⑤英国就业和退休保障部每年约多支出35亿英镑的社会福利金，一些不符合资格的人获得了福利补助，一些应该被救济的人却无法享受到福利补助，这造成了巨大的福利负担和分配不合理问题。在贫困群体中，很多人无法使用银行服务和传统金融产品，区块链技术可使终端用户直接接收福利补助，降低转账过程中发生在银行和其他机构上的成本①。

区块链技术在金融业可以简化流程和节省成本的潜力也迅速引起了欧洲证券与市场管理局（European Securities and Markets Authority, ESMA）的注意。ESMA预计在2017年市场中将会出现一些有针对性的应用，相信区块链技术将会为证券市场带来诸多益处，并表示区块链技术和其他分布式账本技术处于早期发展阶段，目前没有必要采取严格的监管措施。ESMA也希望公众能够理解区块链技术给证券市场带来的风险，目前的工作是评价区块链技术的应用哪些需要监管，以方便技术优势得到发挥和减少风险出现的可能性。发展区块链技术面临着多种挑战，包括制定行业标准、获得中央银行许可、治理问题、可扩展性和自身技术瓶颈问题等，对于正在起步的区块链技术，能否克服所有这些挑战仍然存在不确定性。ESMA认为区块链技术应用于证券市场存在以下风险：①网络风险。虽然密码算法增强了系统抗攻击性，但区块链技术应用于证券市场还没有经过测试，量子计算等技术演进有可能对网络产生未知影响。②欺诈活动和洗钱风险。在没有相关控制的情况下，欺诈和洗钱风险会加剧，已有大量洗钱活动通过比特币系统实现，另外，如果私钥被盗或丢失很容易被用于非法用途。③操作风险。原则上，由于更高的标准化和服务自动化，区块链技术可以帮助减少操作风险，然而任何规则都是人来制定的，如果没有系统监测，区块链技术可能会散播和执行错误的规则，一个错误的规则可能会影响到许多参与者的利益。

---

① Walport M. *Distributed ledger technology：beyond blockchain* [J]. UK Government Office for Science, 2016.

④扰乱竞争和有序市场的风险。早期的参与者可能会以积累的优势对新成员加入造成困难，由于成本或技术原因，一些公司不得不退出市场，市场竞争可能会越来越困难，甚至形成垄断市场，这对服务质量将产生负面影响。根据 ESMA 规划的监管方案，如果潜在风险达到一定程度，ESMA 将在未来有权禁止区块链技术。

美国联邦储备委员会主席珍妮特·耶伦（Janet L. Yellen）在联邦俱乐部中的演讲中提到，区块链技术是一项非常重要的技术，可以在交易处理方式上影响整个金融体系，美联储和许多金融机构都在关注这项技术，在全球经济中，区块链技术将在很大程度上改变现有交易结算方式①。实际上，美国关注区块链技术存在必然的因素和内在驱动力，美国在支付、清算和结算（PCS）系统上每天大约处理6亿宗交易，价值超过12.6万亿美元，PCS 过程中存在结算信用风险和流动性风险，结算信用风险是指交易对手在规定期限内不能完全履行结算义务的风险，流动性风险是指交易对手在到期时没有足够的资金来履行义务，虽然两种风险有本质上的不同，但往往相互关联。而安全高效的 PCS 系统对于金融市场正常运转和金融稳定至关重要，区块链技术可能影响金融市场结构设计和功能的发展。发展普惠金融是全世界面临的挑战，一些国家在尝试利用区块链技术解决金融服务问题，科技公司可能会利用智能手机和移动互联网直接向终端用户提供比传统金融机构成本更低的金融服务。美国多数权威机构对区块链技术持开放态度，但在接受程度和态度转变的时间上并不完全一致，部门与部门之间缺少一定的协调。2017年1月，证券业自律组织美国金融业监管局（Financial Industry Regulatory Authority，FINRA）表示，在以保护投资者利益和诚信市场为原则的基础上，将积极和市场参与者展开对话来识别和解决潜在的风险，同时挖掘区块链技术在证券市场中应用的潜力。而美国证券交易委员会（SEC）早在2015年底就已经批准了在线零售商 Overstock. com 通过区块链技术发行公司股票，Overstock. com 将在其基于区块链技术开

---

① http：//www. coindesk. com/fed-yellen-blockchain-important-tech/.

发的交易平台上发行多种证券。

从国内来看，中国工业和信息化部在 2016 年 10 月发布了《中国区块链技术和应用发展白皮书》（以下简称《白皮书》），《白皮书》分析了当前金融服务、供应链、文化娱乐、智能制造、社会公益、教育就业等领域的不足，分别提出了基于区块链技术的解决思路。然后从需求分析与技术体系研究、关键技术选择与平台建设、技术开发和应用试点几个发展阶段分析了中国区块链技术发展路线。《白皮书》从相关政策扶持、核心技术攻关、区块链技术应用示范、人才培养和国际交流五个方面提出了推动区块链技术发展的建议。随后，为促进实现"数字中国"建设取得显著成效的目标，国务院印发了《"十三五"国家信息化规划》，并将区块链技术同云计算、大数据、人工智能等新技术列入国家信息化发展的规划中。与其他国家不同，中国在政策层面对区块链技术持开放态度，但在经济发展和金融体系发展现阶段中对引入区块链技术所带来的风险和区块链技术自身缺陷未得到深入理解和广泛关注。

6.1.2 区块链技术发展：市场层面

1. 战略联盟

区块链将成为信息记录、存储和传输的重要组成部分，为了使机构之间有效交流，信息能够顺利流通，如同通信设备和技术协议一样，区块链技术也需要在合适范围内制定统一的行业标准，因为各个机构或组织以各自为政的方式单独开发区块链技术难以形成协同效应，甚至会因技术产品不兼容导致业务处理过程的合作失败。为加快区块链技术和技术应用的发展，世界范围内涌现出多个区块链联盟组织，主要包括国际区块链联盟组织 R3CEV、Linux 基金会领导的超级账本（Hyperledger）、由俄罗斯支付服务供应商 QIWI 牵头组建的区块链银行联盟（Banking Consortium for Blockchain Technology）。在国内，有由中证机构间报价系统股份有限公司等 11 家企业和机构共同发起的 China Ledger 联盟、中关村区块链产业联盟、金融区块链联盟、由万向控股有限公司发起的中国区块链研究联盟、由中望金服信息科技（北京）有限公司发起成立的区块链微金融产业联盟、由前海联合发展控股有限公司主导的前海国际区块链联盟、经全国金融标准化技术委员会批复成立的银行间市场区块链技术研究组，以及由上海市互联网金融行业协会牵头发起的陆家嘴区块链金融发展联盟。区块链技术的商业价值近期才得到广泛认同，大部分联盟组织成立于 2016 年，在利益驱动下各联盟内部对区块链技术发展能否达成共识，能否共同开发出实际应用产品而不仅仅是名义上或出于投机目的的联合，联盟与联盟之间如何平衡竞争与合作的决策，不但关系着区块链技术发展方向，也将最终影响参与联盟组织的公司在经济与金融方面是相互制约还是合作共赢。

建立区块链技术行业标准并不能单独构成促使联盟组织成立的推动力量，战略联盟在国际竞争上形成的区块链技术竞争优势以及由此带来的高收益率和较高市场价值是战略联盟得以建立的最重要因素。随着经济全球化的持续发展，国际竞争已经从企业之间小的市场竞争上升至联盟之间的战略竞争，战略联盟突破了传统企业的边界。企业间通过资源整合和优势互补形成范围经济，创造出高于单个企业所创造的价值总和①，最终提高企业竞争力，而全球联盟组织之间的竞争将有利于提高生产力水平，使用户得到更优惠的服务。区块链技术将在全球范围内提供服务和获得收益，竞争范围已经不限于某个区域而是具有全球性，这为企业组成战略联盟提供了强大的驱动力量。然而，实施联盟计划并不能保证未来一定能够取得竞争优势，从历史和研究统计上看，大部分领域的联盟组织都存在失败率高的问题，根据 Ernst 的分析，跨国联盟在最初两年中多数会遇到管理和财务问题②，由于联盟内部成员利益和目标不一致，联盟组织有着高达 50%～60% 的联盟失败率③。如果按照以

---

① Oliver C. *Sustainable competitive advantage*：*Combining institutional and resource-based views* [J]. Strategic Management Journal, 1997：697-713.

② Ernst D. *Collaborating to compete*：*Using strategic alliances and acquisitions in the global marketplace* [M]. John Wiley & Sons Inc, 1993.

③ 蒋国平. 企业战略联盟高失败率原因分析及其成功之路 [J]. 现代财经, 2001, 21 (1)：58-60.

往统计进行预测，在当前所有区块链联盟中，未来几年内就会有超过50%的战略联盟走向失败甚至不存在，包括国际联盟组织和本土联盟组织，这是一个可怕的现象，也是必然的结果，共同参与开发区块链技术的组织成员必须在利益和维护联盟可持续性之间进行权衡。

中国区块链技术联盟组织需要吸取历史上各领域战略联盟失败的教训，借鉴具备竞争优势的联盟组织的经验，深入分析和总结现代国际战略联盟形式和自身缺陷，谨慎选择合作伙伴，通过建立和提高资源互补、互利共赢的意识与规则防范机会主义行为，增强联盟之间的有效沟通，共同推动区块链技术在金融业和其他行业中的发展。

2. 市场发展现状

根据中关村区块链产业联盟的统计结果，截至 2016 年底，全国共有区块链技术项目或区块链技术创业公司 77 家，主要分布在北京、上海和浙江等金融产业发展程度较高的地区。其中，北京有 37 家，上海有 16 家，浙江有 9 家，广东有 7 家，安徽、江西、四川、湖南和天津等地共有 8 家。77 家创业公司涉足的业务领域主要包括 IT 基础设施建设（31.17%），数字资产交易平台（12.99%），资产数字化服务（15.58%），防伪公证和知识产权保护（5.19%），以及支付清算、借贷、股权众筹和互助保险等金融服务。根据公开资料，我们收集到了国内 20 家区块链技术创业公司的融资信息，另外收集了 21 家国外区块链技术创业公司的融资信息（见表 6-1）。截至 2017 年 2 月，21 家国外区块链项目获得融资总额高达 23.40 亿元，平均为 1.11 亿元，而国内 20 家区块链技术公司获得融资总额仅为 4.31 亿元，平均每家公司 0.22 亿元。从投资总额平均水平来看，国内区块链技术公司获得的投资远远低于欧美等发达国家，虽然在近两年出现了大量创业公司，但在企业规模上处于竞争劣势。从表 6-1 中可以看出，国内区块链技术公司融资大多处于天使轮融资阶段，而国外区块链技术公司多数已完成 A 轮融资，国内外融资阶段不同说明国内区块链技术发展也落后于其他发达国家。此外，从投资来源来看，国内区块链技术公司很少获得国际资本的支持，而美国区块链技术创业公司 Circle Internet Financial（简称 Circle）

却获得了包括百度、光大集团、万向集团、宜信等国内企业的投资，这同样揭示了国内区块链技术发展的滞后性。

表 6-1　　　　　　　　国内外区块链公司/项目融资总额　　　（单位：万元）

公司/项目名称	成立时间	国家/地区	行业/业务	融资轮次	融资总额	网址
矩真金融	2016	上海	金融综合服务	天使轮	15000	http://www.juzhen.io/
水滴互助	2016	北京	保险	天使轮	5000	https://www.shuidihuzhu.com/
布比区块链	2015	北京	资产数字化	Pre-A 轮	3300	http://www.bubi.cn/
保全网	2014	浙江	借贷服务	天使轮	3000	https://baoquan.com/
同心互助	2016	北京	资产数字化	A 轮	3000	https://www.tongxinclub.com
网录科技	2016	北京	资产数字化	天使轮	3000	http://www.wanglutech.com/
易分之一	2016	上海	共享平台	天使轮	2000	http://www.yifenzhiyi.com
众享比特	2014	北京	基础设施	A 轮	1950	http://www.peersafe.cn/
趣链科技	2016	浙江	基础设施	Pre-A 轮	1750	http://www.hyperchain.cn/
招股金服	2015	广东	虚拟货币	天使轮	1500	http://www.zhaogukeji.com/
微聚网	2016	浙江	基础设施	种子轮	600	
快贝网络	2015	上海	虚拟货币	天使轮	500	http://shellcoin.cn/
金股链	2015	北京	资产数字化	天使轮	500	http://www.shareslink.com/
人人互助	2016	北京	保险	天使轮	300	http://www.renrenhuzhu.com/
善圆科技	2016	广东	数字资产服务	天使轮	300	http://www.shanchain.com
RippleChina	2014	江苏	虚拟货币	天使轮	300	http://trade.ripplechina.net/
小蚁	2014	上海	虚拟货币	天使轮	300	http://www.bitangelsclub.com/
维优元界	2012	上海	资产数字化	天使轮	300	http://www.viewfin.com
云象区块链	2014	浙江	基础设施	天使轮	300	http://www.yunphant.com/
银链科技	2012	广东	资产数字化	天使轮	150	http://www.bankledger.com/
Circle	2013	美国	支付	D 轮	88400	https://www.circle.com/
Ripple	2012	美国	支付	B 轮	35800	http://ripple.com
SETL	2015	英国	虚拟货币	A 轮	25400	https://setl.io/
Align Commerce	2014	美国	支付	B 轮	23700	https://aligncommerce.com/
Blockstream	2012	加拿大	虚拟货币	A 轮	13700	http://blockstream.com

续表

公司/项目 名称	成立 时间	国家/ 地区	行业/业务	融资 轮次	融资 总额	网址
Axoni	2015	美国	虚拟货币	A 轮	11700	https://axoni.com
Abra	2014	美国	支付	A 轮	7800	https://www.goabra.com/
Colu	2014	以色列	虚拟货币	A 轮	6240	http://www.colu.com
Blockstack	2013	美国	虚拟货币	种子轮	2600	https://blockstack.org/
Peernova	2014	美国	数据服务	Pre-B 轮	2600	http://peernova.com
Coinify	2014	丹麦	虚拟货币	A 轮	2600	http://www.coinify.co
BitGold Inc.	2014	加拿大	外汇期货	A 轮	2275	http://BitGold.com
BigchainDB	2014	德国	数据服务	A 轮	2190.50	https://www.bigchaindb.com/
Storj	2014	美国	基础设施	种子轮	1950	https://storj.io/
HYPR	2014	美国	基础设施	A 轮	1950	https://www.hypr.com/
Neufund	2016	德国	虚拟货币	种子轮	1384.50	http://neufund.org
HashedHealth	2016	美国	医疗信息化	天使轮	1202.50	https://hashedhealth.com/
Mediachain	2016	美国	基础设施	种子轮	975	http://www.mediachain.io
Qtum	2016	新加坡	虚拟货币	种子轮	650	https://qtum.org
SatoshiPay	2014	英国	支付	天使轮	588.80	https://satoshipay.io/
Euklid	2015	法国	金融综合服务	种子轮	292	https://www.euklid.com/

数据来源：根据网络公开资料整理，表中融资数据均以人民币计算。

6.2 提高国际清算与结算效率

1. 传统跨境清算与结算

传统跨境清算与结算交易成本高，且效率低下。清算支付与结算支付是金融体系的重要功能之一，金融体系需要提供支付体系才能为商品、服务和资产的交易创造便利，一项有效的支付体系将有助于增加交易种类，扩大交易范围与规模和活跃全球经济贸易。互联网、电子商务和物流运输的发展刺激了跨国交易行为大幅增加，然而，跨境清算与结算体系在支付速度、运营成本和风险控制上落后于经济全球化的发展，无法满足交易全球化规模性增长的功能需求。根据世界银行统计，2016年全球国外务工人员的国际汇款达到5851亿美元，汇款平均成本为汇款额的7.68%①，其中有1/4的国家汇款成本费用高于10%，俄国的平均成本最低，仅占汇款额的4.06%，但其他国家汇款至中国所需平均费用高达汇款额的10.38%。从汇款途径来看，邮局汇款需要花费汇款额5.14%的费用，银行汇款需要花费汇款额10.96%的费用。而每笔汇款需要经过3~10天才能完成，高昂的交易费用和付款与收款的滞后降低了消费与商业合作发生的可能性，交易费用高和处理效率低是制约经济交易全球化发展的重要因素。跨境清算与结算过程需经历包括开户银行、境内汇款银行、境外汇款银行和中央结算系统等多个信息处理环节，经过的每个银行都有自己的账务信息处理系统，银行与银行之间需要花费大量时间与资源对账目进行核对，涉及大量复杂繁琐的手工工作流程，产生的高昂手续费使小额支付业务难以顺利开展，降低了整个支付体系的普惠性。

成立于1973年的环球同业银行金融电讯协会（Society for Worldwide Interbank Financial Telecommunication，SWIFT）是一个国际组织，为全球金融同业机构交易提供了一个金融电报网络系统来帮助完成汇款、清算、结算等国际金融交易。一笔通过SWIFT网络的汇款需要一周左右才能汇到指定银行账户，同时，流程设计复杂和大量人工参与使SWIFT网络运行成本很高，并导致综合汇款费用较高。在国内，每笔SWIFT汇款需要花费150元电汇费，之后这笔汇款金额0.1%的手续费需要支付给汇款银行，再加上每个中间银行都会收取一定比例的或固定的费用，这笔费用支出的多少取决于需要经过多少中间银行。SWIFT网络的低效和高成本阻碍了国际汇款潜在需求的实现，限制了小额汇款的发生。

传统清算与结算体系容易出现单点故障，引发汇兑风险。首先，在中心化结构的清算与结算体系中，每个银行在自己的账务信息系统上单

———————
① http://www.worldbank.org/en/topic/paymentsystemsremittances.

独记账，账目信息未能共享至其他银行或机构，一旦银行账务信息系统因操作失误或外部攻击受到损伤导致单点故障，这将很难保证全部账目信息的完整性和与原先账目的一致性，最终也使银行客户的利益受到影响，甚至会波及其他金融机构的正常运行。其次，传统清算与结算业务存在较高的人为可操作性。银行具有国家信用背书，在没有其他选择时，人们不得不相信银行所记录的账目是正确的，银行将妥善保护自己的存款，但在特殊情况下，银行对于保证客户资金财产安全没有绝对把握，可能会因内部管理不善被人为修改账务信息系统中的账目信息，也可能因信息泄露，客户资金通过电信诈骗等方式被非法盗取。因此，客户需要相信银行会安全地保管存款并准确记录，同时金融系统也需要消耗大量资源建立清算与结算体系，以提高可信性和交易处理的准确性，而因信用风险、流动性风险、操作风险或外部冲击等引起的财产损失最终仍然需要客户全部承担，或仅能获得少量赔偿，这样的例子已经屡见不鲜，但至今没能得到有效解决。

2016 年 8 月，山西太原的一位银行用户发现自己在建设银行储存的 11 万元存款无端消失，银行在处理类似事件上却无能为力，因为任何一方都不能证明银行存款是被谁所消费，银行账务系统仅保存了支付记录，清算与结算系统无法查验现实世界中支付者的真实身份。如果所有类似事件都需要银行负责可能会加剧流动性危机的风险，但如果所有存款被盗取的事件都让客户自己负责，一方面客户由于无法找回丢失的存款而受到财产损失，另一方面客户有可能从此对银行失去信任，这种不信任情绪有可能通过网络信息传播引发更大范围的信任危机，而没有普遍信任的金融系统将无法持续，所以无论采取哪种方式，都会增大金融系统风险发生的可能性。

2. 区块链支付体系

区块链技术将提供一个分布式的共享总账本，可以简化境内和跨境支付、结算操作流程和节省成本，一种方式是在原有中心化支付体系基础上嵌入区块链技术，让金融机构和客户共享账务信息，另一种方式是收付款双方通过在建立类似比特币的点对点直接交易系统中进行支付、结算，这是一种完全去中心化的支付体系，全部国际汇款无需经过任何中间金融机构。由于比特币系统对现有金融体系的替代可能性较低，而区块链技术的发展路径也要求现有金融体系首先要接受和利用区块链技术进行局部实验和改造，大规模的金融创新可能导致金融不稳定，由于技术更新迭代需要时间，所以未来一段时间内传统中心化支付体系、分中心化支付体系和去中心化支付体系将并存。表 6-2 显示了在跨境清算与结算执行过程中，传统支付体系与区块链支付体系的不同，区块链技术对传统支付体系的改进主要体现在交易效率提升、交易成本降低和系统安全性增强三个方面。

表 6-2　　传统支付体系与区块链支付体系的跨境清算结算比较

传统支付体系		区块链支付体系
①跨境清算与结算需要 3 ~ 10 天 ②经历多个中间机构和操作环节	交易效率	①交易时间缩短至几分钟甚至实时结算 ②点对点直接发生交易，不经过中介
①系统建设需要投入大量资源 ②电汇费 + 手续费 + 中间费用	交易成本	①无需清算中介，没有电汇费和中间费用 ②降低了银行提供服务的费用收入
①取决于银行系统安全性、兼容性 ②面临单点故障风险	系统安全性	①分布式响应机制、不可篡改、匿名 ②单点故障不引起风险，抗攻击能力强

首先，基于区块链技术的跨境清算与结算业务可以提高交易效率，缩短交易时间。较长时间的占款期将产生巨大的机会成本，降低资金利用效率和加大汇兑风险。在非完全点对点交易的模型中，利用区块链技术共识机制，A 国付款方向区块链网络提交付款申请，申请信息将在极短时间内广播至全网的所有节点，当大部分节点同意或了解到这笔交易

后,付款银行减少 A 国付款方资金账户的资金数额,同时,收款银行增加相同数量的 B 到收款方账户的资金数额,交易完成后的结果再次更新至全网节点,所有节点共享完全相同的账本信息。在点对点直接交易的模型中,付款方将发送一定数量数字货币直接进入收款方虚拟地址,交易结果将受到全网节点确认而不需要依赖任何金融中介。其次,基于区块链技术的跨境清算与结算业务将大幅降低交易成本。实际上,支付体系中效率提升和成本减少密切相关,省略的交易环节将降低信息流通和货币流通成本,可以帮助汇款方节省大量成本,而银行因此蒙受利益损失,将给银行带来经营压力,部分银行可能因此无法持续经营,也会有一部分银行通过采用新技术进行业务模式变革,增加自身竞争力,为用户提供更优质的金融产品和金融服务。效率和成本的优化也将满足更多用户的金融服务需求,小额汇款的国际结算将得到扩张,在国外工作的人仅花费少量费用就可以将小额资金直接汇款至其家人账户,而不必携带资金亲自回国,这对缓解地区贫困具有重要作用,让国际结算如国内支付转账一样便捷将增加金融体系的普惠性。最后,基于区块链技术的跨境清算与结算业务具有更高安全性。分布式记录和存储增强了支付体系抗攻击性,由于收付款双方汇款信息得到了全网节点的普遍确认,任一节点功能破坏不会影响整个系统的完整和准确性,在信息传输过程中,传输过程短,不存在人为操作的空间,而任何对汇款信息的改变将受到全网节点的排斥,最终降低了汇兑风险。

3. 区块链跨境支付平台

Ripple 是美国一家跨境支付平台,基于区块链技术为银行和其他金融机构提供高效的国际汇款方式,通过开发 InterLedger 协议构建一体化的网络金融传输协议,全球已有 20 家银行加入到 Ripple 支付平台中。Ripple 支付平台为不同银行提供系统接口,银行在保持原有系统的基础上就可以接入 Ripple,银行之间的交易以密码算法进行加密既保证了银行及银行客户的信息安全,又保持了交易记录可追溯的特性。更值得关注的是,Ripple 以区块链技术为基础架构构建起的信息传输协议能够实现去中心化记账和支付模式,所有参与方共享统一的分布式账本,通过共识机制对交易进行验证，不需要依赖中央结算系统或其他中心化信任机构。银行间跨境支付的操作是在 Ripple 系统中以美元、英镑等外币和比特币、Ripple 币等数字货币进行充值和自由兑换，如美国银行在 Ripple 系统中兑换一定量 Ripple 币发送到英国一家银行，英国的银行收到后可以直接在线兑换为英镑，由于传输时间较短，汇率和各种数字货币的币值波动幅度有限，避免了货币价值受市场变化的影响。另外，在 Ripple 支付平台上，支付和结算没有时间和地域限制；支付效率大大提高而成本大幅缩减，从支付到最终结算的时间缩短至秒级；占用资金减少，降低了汇兑风险。

Ripple 在支付领域进行的革命性创新体现了区块链技术具有技术先进性和独特优势，到 2017 年 2 月，Ripple 已经获得了 3.58 亿元的融资总额，在全球区块链技术公司中排名第二。而融资总额最高的美国公司 Circle 从事数字货币开发和国际汇款，是类似于 Ripple 服务模式的区块链技术创业公司，Circle 在 2016 年已经获得英国政府颁发的首张数字货币牌照，实现了美元和英镑的即时兑换与转账。在包括跨境清算与结算的支付领域中，中国区块链技术的开发与实际应用相对落后，一些传统商业银行对新技术反应迟钝，在优化支付体系的行动上不够积极，而支付宝等第三方支付和区块链技术初创公司在支付领域的不断创新有再次对传统支付体系造成冲击的可能，中国银行等金融机构需要联合金融创新公司和借鉴 Ripple、Circle 的发展模式对现有支付体系进行改进。

6.3 降低数字票据交易风险

1. 票据的本质和功能

票据是一种受法律保护的有价证券，包括银行汇票、商业汇票、本票和支票，是常用的融资工具和支付结算工具，也是重要的货币政策工具。票据本质上是商业信用的表达，首先体现的是债务债权关系，出票方信用水平高，票据流通顺畅，交易成本也相对较低，信用低的出票方风险较高、流动性差。

作为融资工具，简便、快捷的票据贴现和票据背书转让能够为企业提供低成本的融资，具有普惠性特点。当企业有资金需求时，可持票据（商业汇票）到银行申请提前兑现，银行按一定贴现率扣除贴现利息后将票据余额无条件支付给持票人。票据市场的市场化程度较高，所有市场参与者无论在企业规模、企业性质、所属产业等企业属性上有何种差别，在票据市场中都具有同等的权利和义务。近年来，票据融资规模上升趋势明显。2016 年，金融机构票据贴现累计为 84.5 万亿元，票据融资余额达到 5.5 万亿元，占各项贷款余额的 5.16%，同比增长 0.2 个百分点①。票据市场的发展削弱了银行在信贷领域的垄断地位，有利于刺激银行提高金融服务质量。发展票据市场，不仅对缓解企业融资难产生积极影响，更为深远的影响在于建立了一个直接融资的市场体系（秦池江，2002）。作为支付结算工具，票据在出票人或出票银行签发承兑后就具有信用功能，委托付款人在付款日期内要无条件将票据上确定的资金支付给收款人或持票人。在全部票据承兑业务中，有 2/3 的承兑票据是由中小企业签发的。用票据代替现金来清偿债务，一方面可为支付和结算的执行提供便利，降低了中小企业处理债务债权关系的成本；另一方面票据承诺兑换的功能有银行和企业的信用背书，收款人将确定未来一段时间内可以获得双方约定的资金，这缓解了商业贸易中对现金流的依赖，解决了因现金流不充裕导致交易终止等问题，有利于促进商品贸易活动。作为货币政策工具，票据市场是中央银行与商业银行、银行与企业、企业与企业在资金融通上相互连接的重要通道，银行可以利用票据再贴现、票据回购进行各种市场业务操作以调整货币供应量和调控宏观经济的运行。

2. 传统票据业务的缺陷和监管局限性

票据业务在服务实体经济和优化货币政策传导机制方面具有重要作

---

① 数据来源于中国人民银行发布的《中国货币政策执行报告》（2016 年第 4 期）。

用，是推动经济与金融发展的重要手段，票据市场是金融市场的重要组成部分。为规范票据市场健康发展，防范票据业务风险，中国银监会在2012 年发布了《关于加强银行承兑汇票业务监管的通知》，强调对票据申请人资格、贸易背景真实性等进行严格审查。根据近几年市场实际运行情况，各金融机构和监管机构对票据业务的监管有效性不足，治理效果不明显，票据犯罪并没有得到有效遏制，反而有风险上升的趋势，票据犯罪大案频发，暴露了银行对票据业务风险控制的局限性。为此，中国人民银行在 2016 年底印发了《票据交易管理办法》，进一步有效规范票据市场，提升市场参与者的风险防范能力。与此同时，由中国人民银行推动筹建的全国统一票据交易平台——上海票据交易所正式上线运行。上海票据交易所的建立有助于发展电子票据使用范围，在电子票据占比 60.9%的现有水平上再次加大电子票据比重①，从而对票据市场能够更有效地进行监管和风险防范。但传统票据业务和票据市场的发展仍然存在多种问题和风险：首先，传统的电子商业汇票系统（ECDS）交易信息不够完善，存在信息不对称问题，中心化的电子系统结构存在宕机风险和较高的操作风险；其次，由于纸质票据在未来一段时间内会继续在市场中流通，造假、克隆等票据真实性问题，到期不付引发的信用风险问题，资金挪用、"一票多卖"等违规操作和欺诈行为难以得到有效解决。所以，中国人民银行试图利用区块链技术建设数字票据和交易平台，希望通过技术创新来解决业务难题，而基于区块链技术的数字票据交易平台的初始版本已经测试成功②。

3. 数字票据的特点与优势

数字票据是基于区块链技术的一种新的票据形态，其本质和功能保持不变，只是在信用形成、风险控制和监管方式上与现有纸质票据和电子票据存在差异，有这两种票据所不具备的优势，是现有票据的有益补

---

① 数据来源：http：//finance. ce. cn/rolling/201701/03/t20170103_19354452.shtml.

② http：//china. cnr. cn/yaowen/20170205/t20170205_ 523557248. shtml.

充。表 6-3 显示了三种票据的区别。

表 6-3　　　　　　　**纸质票据、电子票据、数字票据的区别**

	纸质票据	电子票据	数字票据
形态	票据信息以纸张为媒介并由出票方签发，具有物理属性	出票人依托 ECDS 系统，以数据报文形式制作的虚拟票据	以区块链技术为基础、可编程的数字化票据
信用和流通形式	依托票据本身，需要在票据上加盖权威机构的印章才能流通	ECDS 系统对票据进行电子签名和信用背书，票据通过网络传输	基于分布式对等网络和机器信任，实现点对点票据签发、转让和托收
清算与结算	票据贴现、托收环节均采用手工划款清算	清算与结算可采用线上和线下两种方式进行	线上操作，交易即结算
成本	纸票印刷、防伪、鉴别、运输、审核需要消耗大量人力和物资	ECDS 系统建设和维护、需要银行人工审核	较高的电力成本
风险	票据损坏、丢失等保管问题，票据造假、一票多卖等欺诈风险	系统崩溃、黑客入侵、信息篡改等系统风险，操作风险，技术风险	分布式存储，安全性高；全网透明，任何恶意操作都能被察觉
效率	以人工处理为主，效率极低	ECDS 对票据集中管理，效率很高	交易确认需要得到多方共识，效率略低于 ECDS 系统
监管	票据无法实时跟踪，票据业务标准化程度低，监管困难	难以控制部分违规操作	票据交易通过时间戳技术进行追溯，智能合约可控制票据流向

　　数字票据能够实现信用产生和价值存储去中心化目的。传统的纸质票据和电子票据需要第三方中介机构提供信用背书，票据付款方将无条件为持票方提供相应资金，以保证票据的价值能够得到普遍认同。但在传统票据业务中，信息不对称问题非常严重，银行因风险控制不足为票据申请资格不达标或贸易背景造假的企业签发票据引起了大量信用风险。对于数字票据来说，首先，基于区块链技术的数字票据不需要第三方验证票据真实性，也不需要纸质凭证，票据所体现的债务债权关系在出票方签发后就得到公认，实现了信用产生去中心化目的。数字票据信用产生去中心化的优势是参与者可以签发自己的票据，得到共识之后就具有信用价值并可以进行自由交易，不能通过共识的票据将不具备任何商业信用，这有助于降低信用风险。其次，数字票据采用分布式记录和存储，数字票据在其生命周期内的签发、承兑、转让和托收等全部交易，将按照发生时间顺序存储到网络中所有参与的节点，一个节点破坏不会对票据真实性和完整性产生任何影响，这将实现价值存储去中心化目的。数字票据价值存储去中心化的优势在于，一是可省去 ECDS 等传统电子系统中心的运营成本、维护成本，二是可增强系统安全性，能够避免中心化系统因服务器崩溃引起的系统风险，因操作失误引起的操作风险，以及因电子签名认证设计不合理导致的技术风险。

　　数字票据能够实现交易信息全透明和交易行为可追溯目的。传统的纸质票据容易因物理损坏、保存不当导致丢失等票据保管问题和票据伪造、一票多卖等欺诈风险。电子票据虽然利用电子签名技术，通过票据形式的替代有效地抑制了票据保管问题和欺诈风险，大大提高了票据业务处理效率，但电子票据系统除中心化问题之外还存在其他功能上的不足，部分票据业务风险包括难以识别贸易背景真实性问题、票据交易记录和查询信息有限等问题。数字票据较高的透明度和可追溯性既可以规避数字票据的问题，也能够弥补电子票据的不足。首先，任何一张数字票据都经过加密技术实现了票据的唯一性和不可伪造性。其次，时间戳技术将证明数字票据当前所有权的归属，数字票据交易的主要历史信息都记录在区块链上，顺着区块链上提供的时间可以追溯到票据第一笔交易。记录透明可使参与者很容易查询到数字票据当前状态，如果数字票据已处于未被最终确认的转让状态，系统将锁定流动权限，使数字票据在任一时点只能有一笔交易，从而避免了一票多卖的风险。再次，由于数字票据信息全面性高，任一节点都存储着相同的全部交易信息，交易行为可追溯。如果贸易背景出现异常，数字票据将得到来自全网的质疑和验证，不能得到共识的票据将无法进行转让、承兑、贴现等业务。最后，交易信息全透明和交易行为可追溯的另一优势是起到规范交易主体行为的作用，违规操作和欺诈行为将被揭露和公示，降低了票据市场违规风险和监管成本。

数字票据通过智能合约实现可编程性和自动化。通过对数字票据事先设计一段票据交易的程序来确立票据交易规则，当票据满足程序设定的全部条件时将按照既定的规则执行业务操作。例如，在托收环节，一旦系统时间点到达票据承兑约定的日期，智能合约会自动发送托收申请，自动执行清算和避免逾期，交易完成的信息将记录在区块链上。智能合约使数字票据交易的整个流程实现了自动化，减少了人为操作的风险。智能合约也存在风险性，如果规则设计得不合理就有可能侵害数字票据交易参与者的利益，所以，设计可编程的数字票据必须要有全面、严格的监管。

6.4　减少证券发行与交易成本

在证券业务发展的过程中，业务效率的优化、交易成本的下降和安全性的提升至关重要。目前证券业中实现价值交换仍需要有中心化的第三方中介机构（如银行、清算机构、交易所）作为担保，这些金融机构运营成本高、执行效率低且系统容易遭受攻击，因此，如何低成本高效率地进行价值传递成为互联网技术亟待突破的难题。而区块链技术可以突破证券业发展瓶颈，在证券发行与交易、证券清算与结算、股东投票等方面拥有巨大的优势。

1. 证券发行与交易

目前，证券的发行与交易的流程手续繁杂且效率低下。公司发行证券需委托证券公司，与证券公司签订委托募集合同，完成繁琐的申请流程后才能开展投资者申购与认购。以美国的交易模式为例，证券交易日和交割日有三天的时间间隔。

区块链技术使得金融交易市场的参与者享用平等的数据来源，让交易流程更加公开、透明、有效率。通过共享的网络系统参与证券交易，使得原本高度依赖中介的传统交易模式变为分散的平面网络交易模式。这种新型交易模式具有三大优势：第一，大幅度减少了证券交易成本，证券交易的流程更简洁、透明、快速，减少重复操作，提高市场运转的效率。第二，准确实时地记录交易者身份、交易等信息，证券发行者可快速了解股权结构。第三，公开透明、可追踪的数据记录系统减少了暗箱操作、内幕交易的可能性，有利于证券发行者和监管部门维护市场秩序。第四，区块链技术使得证券交易日和交割日时间间隔从 1~3 天缩短至 10 分钟，减少了交易的风险，提高了交易的效率和可控性。

美国的区块链技术企业 Chain 公司与纳斯达克证券交易所（NASDAQ）推出了基于区块链技术的私募股权市场交易平台①。2015 年 10 月，NASDAQ 在拉斯维加斯的 Money20/20 大会上，正式公布了与 Chain 公司搭建区块链平台 Linq。这是世界上第一个通过区块链平台进行数字化证券产品管理的系统平台。对于股票交易者而言，区块链技术可以消除对基于纸笔或者电子表格的记录依赖的需求，减少交易的人为差错，提高交易平台的透明度和可追踪性。对股票的发行公司而言，Linq 实现了更好地管理股票数据的功能，让纳斯达克在私募股权市场中为创业者和风险投资者提供更好的服务。

2. 证券清算与结算

清算和结算是证券业务的基本功能，也是证券交易系统的核心。它是一个非常复杂的过程，虽然证券在交易所进行交易，资金交收和证券

---

① http://www.cebnet.com.cn/20180206/102464459.html.

交割则是在清算后完成，这些过程的效率低下、成本过高、程序过于复杂等都会产生严重的后果，阻碍证券交易的顺利进行。清算和结算效率低下问题是各国金融市场面临的最根本也是最重要的障碍。证券交易生命周期内的一系列流程耗时较长，增加了金融机构中后台的业务成本。机构的清算、结算流程都需要借助第三方存管机构，要经过银行、清算组织等多个组织较为繁冗的处理流程。在此过程中，不同金融机构间的基础设施架构、业务流程、账户系统各不相同，彼此之间需建立代理关系，每笔交易需在本银行记录，需与交易方进行清算和对账等，同时涉及很多人工处理的环节，容易出现差错，并带来较大压力，导致整个过程花费时间较长且成本较高（任春伟等，2017）。例如，在传统证券交易中，完成交易需要资产托管人、证券经纪人、中央银行和中央登记机构四大金融机构相互配合，整个流程效率低、成本高，并造成了强势中介效应，缺乏信息的证券投资者往往遭受损失。有关资料显示，美国两大证券交易所每年的清算费用高达 650 亿~850 亿美元，而每缩短一天清算交收时间即可减少 27 亿美元的清算费用。

通过在区块链技术上构建分布式账务体系，有望提供迅捷性和安全性好、成本更低的证券清算和结算服务。图 6-1 为利用区块链技术的证券交易结算系统。通过在区块链中加入智能合约，买卖双方能够自动配对，以及自动清算结算。这就意味着每个参与者可以将发生的每笔交易记录下来而不需要中心机构参与。由于区块链技术的快速拷贝性和不可篡改性，真实的交易信息能够准确、快速地在区块链上产生公示。证券交易的买方和卖方、股票交易价格与数目、资金的结算与证券交收都会被真实记录下来，有关交易所有权的争议不会发生。与典型的清算交收时间"T+3"不同，区块链仅需 10 分钟即可完成清算结算工作，交易费用和管理成本将大幅降低。

在证券的清算结算中，区块链技术具有如下优势：首先，区块链技术实现了证券的清算与结算的"分中心化"，省略了清算机构及审计员验证交易的步骤，有效降低了记账、验证交易和第三方审计的高额成本以及证券交易所的交易成本。其次，与传统的"T+3"和"T+2"的清

区块链结算系统

卖方　——让渡资产——→　| 买方与卖方匹配
交换合约接受资产 |　←——支付报酬——　买方

　　←——获得报酬——　| 分布式的数字化登记 |　——获得资产——→

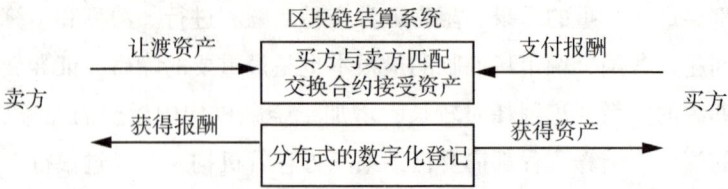

图 6-1　区块链结算模式

算时间相比，区块链技术实现了"交易即结算"，点对点交易提高了资产的流动性。再次，区块链技术使交易"保真"，参与交易双方都有完整的不可篡改的交易记录副本，因此，可建立一个高透明的权益市场。最后，区块链交易系统是集体维护，相对于通过一个中心化的计算机，更为安全，抵抗性强，而且更经济。

3. 股东投票

股东大会是上市公司的最高权力机关，股东参与其中并对重大事项进行投票是充分表达意愿、行使职权的重要途径。但是，现有股东投票制度流程复杂，操作不便，要经过资产管理人、代理投票经纪人、代理投票分配者、托管人等 7 个流程，易出现人为错误（见图 6-2）。

资产管理人 〉 代理投票经纪人 〉 代理投票分配者 〉 托管人 〉 子托管人 〉 托管人/本地经纪人 〉 公司秘书

图 6-2　传统股东投票流程

区块链投票系统省去了中间复杂环节，使投票流程得以简化，投票方式直接、可靠，提高了投票效率。成功提交的投票信息将通过多方共识记录在开放统一的区块链账本上，具有相当的透明度，而其不可篡改的特性提高了投票信息的准确性。区块链技术打破了传统的流水线型的投票流程。用户首先需要下载区块链投票系统软件，然后在系统中提交身份信息进行身份验证，注册成为资产管理人，注册成功的用户即可使用软件参与投票。如图 6-3 所示，投票结果将被存储于区块链内，并由共识机制证明投票结果的有效性。只要提交后通过验证，投票结果将不能被私自篡改。在共享的分布式账本内，资产管理人可快速查询到投票结果。与传统的投票机制相比，区块链投票系统流程安全、透明、高效，操作便捷，能够节省 50%~60% 的成本。

资产管理人 ▶ 下载投票应用 ▶ 提交ID验证 ▶ 注册为投票人 ▶ 提交投票 ▶ 区块链存储统计 ▶ 结果

图 6-3　区块链股东投票模型

基于区块链的投票模型有利于维护中小股东的合法权益，约束大股东和公司管理层的权力，在一定程度上改变了公司股东大会被人操纵的局面。同时，区块链投票系统因其安全、便捷的特性有利于降低股东参加股东大会的时间和资金成本，并提高社会公众股股东参加股东大会的比例，增加公司经营的透明度。

第7章　区块链技术在征信中的
应用与机制分析

　　征信作为金融体系的基础设施，对整个金融体系的支持和普惠金融的发展至关重要。随着区块链技术的关注度不断上升，应用场景不断实现，基于区块链技术的征信系统被寄予规范金融需求端行为和促进扩大金融供给的厚望。但是，关于区块链技术在征信体系中的功能是什么，在征信中哪个环节发挥作用，是否像在其他金融业务中一样可以简化操作流程，区块链征信如何促进金融资源的有效配置等问题尚处于研究的空白领域。征信中最重要、价值最高的一环是信用评价，只有准确地对被征信人进行评价才能帮助金融机构合理提供金融服务和降低金融风险，为被征信人获得低成本的金融资源提供更高可能性。信用是征信的出发点和目标对象，区块链技术具有"去信任化"的特点，正确判断区块链技术在征信中的功能首先需要从"信用"角度来理解和构建两者的关系。

7.1　区块链征信的研究与发展现状

7.1.1　区块链征信的研究现状

　　1. 去中心化+中心化模式

　　聂二保（2017）等认为互联网金融指的是互联网技术与普惠金融的深度融合，将区块链技术升级为基于大数据的"去中心化+中心化"

之"双通道"征信技术，有可能为互联网金融风控难题提供有效的解决方案。具体可行的技术路线是，根据传统的信用风险分析理论构建中心化分析系统，实现中心化数据集中采集、处理、评估、结果输出。在构建中心化分析系统中，信用风险定价模型的建立应通过假设构建出的基本框架与可获得信息进行映射，形成具体的指标体系原型，通过大数据样本进行原型的验证和校准。其中，留取验证和校准指标极为关键，这是定价结果具有可检验性和可比性的基础。

利用区块链理论和非 IPC 路线的信用风险定价理论是构建非中心化分析框架的基础。根据区块链的主要特点设置基于 PC 或移动 APP 方式的"区块链+"信用风险评估系统，通过智能合约完成受评主体信息的收集、整理、评价、发布、使用，同时完成分布式信用信息的收集、处理、评估、结果回传（接收者为中心化系统）、结果判定（与中心化系统共同决策）、历史追溯。在构建非中心化的信用风险定价模型时，基于偿债能力和偿债意愿的基本框架仍是主线，但指标体系构建并不与中心化系统相同，必须注重浅层指标与关键因素之间的说明程度的强弱和不同指标直接的替代性，并考虑由于指标说明性不同而导致的分析框架中关键因素权重的变动。由于非中心化系统的信息来源更为丰富，由此构成的大数据库必然存在数据维度的收敛问题，可行的方案是对收集渠道、种类、特征属性等方面进行设置，由使用者自行辨识，在增加用户互动环节的同时，减少系统负载。

王俊生等（2017）对如何解决如"校园贷"类消费信贷中弱信用群体的征信问题进行了探讨，提出了框架性方案，并对初步架构进行了设计。现有"校园贷"交易结构中，涉及出借者、信息中介、借款人三个部分。在此交易结构中，借款人信用风险定价环节由投资者或投资者求助的第三方完成，所能依据的信用信息十分有限，对于借款人的信贷记录和还款能力的评估以定性分析为主。所谓的"大数据征信"只有模型构想，并无成熟可靠的实用技术。

数据是现代金融风险控制与信用评级的重要影响因素。此前比较兴盛的 P2P 金融，正是由于交易双方信息的不对称从而导致"跑路"事件频发，因此，征信机构的征信数据库不仅需要收录企业工商登记、纳税记录、信贷记录以及合同履约的基本数据信息，还要整合收录包括企业发展历史、产品质量评估、同行产品比较、高管行为数据以及客户评价等更多维度的相关数据。区块链技术的基本原理和特性正好契合这一要求，区块链去中心化、可靠数据库的独有特性使其成为一个征信系统。传统意义上的征信数据库是中心化的，存在数据被篡改和丢失的风险，同时数据汇总和更新速度不可控。而区块链将中心化的存储变成了去中心化的分布式存储和共享机制，公开透明的数据库保存了所有交易记录，同时设置了数据汇总和更新规则，用加密的形式设置了权限访问机制，以密码学协议的方式杜绝了篡改作假的可能，只有通过正确的密钥才能进入数据库进行查询。区块链技术对征信体系建设最重要的影响是通过分布式账本点对点的查询方式，实现了有偿式的信用数据和黑名单数据的共享。2014 年，我国 P2P 企业"陆金所"联合"拍拍贷"等10 余家网络信贷企业成立了网络信贷服务业企业联盟，通过数据交换和数据共享，设置了共同的信贷黑名单和白名单数据。

基于区块链的征信系统黑名单设置提交流程包括以下几个步骤：首先通过加密数据统一拷贝相关数据，保证了数据的真实可靠性。然后系统根据开始约定的企业类别规则分配给每个区块链成员相应的 ID，再通过私钥解密设定区块链中的 ID 权限，企业可通过提供价值数据和付费购买积分的形式查询相关数据。系统根据时间戳，动态更新数据信息价值核算，即不同时间点提交的相同数据价值有所不同，获取的积分也不同。当金融机构只想开放查询权限给具有相应查询权的另一类 ID 时，数据对于不具有查询权限的其他成员是不可见的。

2. 去中心化模式

王梦杰等（2017）认为，对于金融科技企业来说，其受信用度、流动性风险的影响非常大，改革完善现有的金融管理体系迫在眉睫。区块链技术可以在技术层面上规避一定的风险，其去中心化、可追溯性以及点对点结构对于金融科技行业征信系统的构建和风险的控制有积极作用。

（1）对征信系统的建立。对于金融科技行业来说，信用评估是核心竞争力，但是信用评估需要大量数据的累积。所以企业获取信息的准确性和相关性是至关重要的，获取大量的信息不但需要各征信企业提供数据，也需要载体进行汇总评价。就目前而言，金融科技行业是通过第三方（中介）进行数据的收集和评估，这有很大的风险。其一，数据集中化存在被篡改和窃取的风险；其二，数据的时效性也存在很大的问题。区块链技术可以很好地解决信用评估的问题，可以通过区块链建立信用名单系统，将顾客划分成三类：优质客户（信用良好）、风险客户（信用较差）以及中间类客户（尚未提供信用数据）。通过这个系统，企业可以及时查询交易公司的信用情况，尽可能地避免交易风险。建立信用黑名单系统，企业可以通过区块链技术上传分享黑名单，根据提供数据的数量获得相应的积分，如果企业想要通过系统查询信息，也需要支付相应的积分。在提交数据时区块链会将文件加密，确保数据不会被篡改，解密时根据 ID 设置进行身份验证，确保信息的安全性。区块链技术要求一次性交易以确保数据不可逆，可以查询源头，增强数据的透明度和公开性。

（2）对风险控制的意义。企业可以通过征信系统获取信息，对于风险较大的顾客，企业可以拒绝与其交易，同时选择信用评级较好的企业进行合作。区块链重点需要处理的是中间类客户，区块链通过这些公司的上网记录、信贷情况，进行数据的收集与量化分析，然后对这些公司进行评级打分。通过这样的方式实现信用信息的公开化，降低金融科技行业固有的信用风险。

（3）对金融交易方式的影响。对于一些非上市的企业来说，股权的交替转让需要通过大量的非系统程序，这其中有很多人工查询信息的步骤，也极易引起信用危机。通过区块链技术可以及时获取可靠的金融信息，省略中间的人工程序，实现自动化交易。区块链技术有望成为突破行业信用瓶颈的利器，对于建立合理可靠的信用体系有着重要的作用。

伍旭川（2017）认为，在现阶段，考察借款主体的金融信用是最重要的风控流程，不管是企业还是个人的商业信贷业务，这一重要性不变。其操作流程是各家银行在放款之后，跟踪各个借款主体的还款情况，并且第一时间上传到央行的征信中心系统，如果后续需要查询，可以在客户授权的前提下通过央行征信中心系统操作下载。但是这一流程并不是完美的，有数据不准确、使用效率低、使用成本高等问题。但是如果银行使用区块链技术，利用其去中心化的特点，以加密的形式来储存并共享所有客户在本机构的信用状况，这样的话客户在申请贷款的时候无须到央行申请查询征信报告，银行直接在区块链系统中调取数据信息就能将征信工作完成到位。

3. 中心化和去中心化模式的比较

刘林财（2017）认为，区块链技术所要解决的问题与我国信用资源分散的现状不谋而合，因此区块链技术可以在社会信用体系建设中发挥重要作用。对散布在各类政府部门、行业协会、商业机构、网络媒体等不同领域的信用资源进行采集、存储、加工与整合，不仅工作量大、成本高、效率低、协调难，而且如此庞大的数据要集中存储，信息安全难以保证。因此，为了高效安全地整合现有信用资源，我们可以借助各行业各部门的现有数据库，利用区块链技术的总账方案，建立社会信用链系统。这不仅可以避免因重复建设带来的人力物力浪费，而且可以发挥现有信用资源优势，扩大信用信息覆盖的广度和深度。同时，还可以建立统一信用信息服务平台，提供标准化、可定制的社会信用产品。

（1）以公有链方式建立基础链

基础链只记录客观信息，不设定立场；只用于身份验证，不作好坏评价。各节点都可以根据自己掌握的信息访问并维护社会行为主体的基本信息。它是社会信用链系统中其他信用链的基础。

（2）以私有链方式建立信息链

信息链可分别建立激励链和惩戒链，各节点分别记录正面的"守信激励"信息和负面的"失信惩戒"信息。各节点在自己管理的领域或从事的行业对社会行为主体的正面和负面信息进行记录，并通过数据库的更新保证信息链内容为最新状态。各节点仅在自己的权限内进行信息记录，以保证信用资源的独立性和安全性。

（3）以侧链方式建立通信链

通信链以社会行为主体的唯一识别码（统一社会信用代码、身份证号码等）为关键字，将基础链的基本信息与信息链的正、负面信息建立一一对应关系，根据不同需要设置信息交换规则。如：需要重点了解社会行为主体负面信息时，通信链提供全部的惩戒信息和最近一次的激励信息，反之亦然。

4. 数据共享作为区块链征信的基础

张忠滨（2017）认为区块链技术应用于征信业的出发点主要基于两种思考：一是从线下到线上，即从当前线下已有数据库出发，利用区块链技术将数据库进行链接，从而实现数据分享，克服数据孤岛问题。二是从线上到线下，即着手建立一个以区块链技术为底层架构的新型开放式数据库，并以此创建一种新的信用生态，实现生态内信息共建共享，树立新型征信理念。

（1）数据交换平台模式

数据交换平台是指各参与方自主维护原始数据库，仅把少量摘要信息利用区块链技术提交到第三方数据交换平台保存，查询方可以通过数据交换平台向原始数据提供方转发查询申请，从而达到既可查询外部海量数据，又不泄露自身核心商业数据的双赢目的，进而打破现有技术框架下无法解决的信息孤岛问题。同时，由于区块链技术固有的不可篡改特性，可以有效解决现有技术框架下的数据可信度问题。

（2）共建共享数据平台模式

共建共享数据平台的支持者认为，区块链技术、分布式账本及智能合约的三位一体可以有效解决数据采集、交易达成及在区块链数据库中进行记录的问题。每个信用行为都会变成产权明晰的个人资产，个人信用信息保护问题也将以新的形式得到完美解决。同时，由于区块链天然具有的时间戳记、不可篡改等特点，不仅保证了信用记录的真实有效性，而且可以从根本上杜绝虚假、伪造的信息。在此基础上，可以实现全新的信用生产及记录评估，从而建立全新的基于区块链的征信生态，甚至可以重构征信业信用评估模式。

5. 区块链征信潜在的问题

区块链技术应用于征信业是一个明确的方向。但在当前环境下，仍有许多问题困扰着征信企业，影响了其商业化进程。

通过对区块链技术在征信业应用的两种模式分析可以知道，数据交换平台模式由于数据采集仍使用传统手段，无法解决数据采集真实性问题。但出于成本低、易获得等因素考虑，当前征信业应用中采用这种模式较多。因此，如何保证数据真实性依然困扰这种应用实践模式的发展。

（1）保障共享数据安全难度大

随着征信业发展及宣传力度的加大，信用主体对于自身隐私权益越来越重视，倒逼征信企业对数据安全重视程度越来越高。因此，征信企业在进行区块链技术应用实践过程中，对共享数据安全性的担忧也在一定程度上影响了其商业化的进程。

（2）低收益率影响征信企业应用热情

征信企业应用区块链技术获取征信数据成本较高，需要长期、持续的资金投入。而从近期征信市场发展情况看，数据共享使用范围小，查询频率低，获得的收益少，难以弥补企业的费用支出。长期处于低收益率甚至收不抵支的窘境，势必影响征信企业进行区块链技术应用实践的积极性。

7.1.2　区块链征信的发展现状

时明声（2017）认为，征信行业发展到今天所面临的核心问题是数据问题，数据采集的成本和有效性对征信市场的发展形成制约，掌握大量数据的机构形成一个个信息孤岛，信息资源得不到有效共享。面对征信这片蓝海，许多机构通过获取公开信息、网络抓取、与掌握数据源的机构进行合作直接购买数据等多种方式，来争夺数据核心资源。在数据采集和对外提供的过程中，信息的有效性不能得到保障，信息主体的征信权益也被有意无意地忽略，信息数据主体权益保护问题凸显。区块链技术在金融领域如数字货币、票据支付等方面已经进行了比较成熟的实践。同时，由于征信体系与金融业的密切关联性，部分机构也将研发重点聚焦到征信领域，区块链技术在征信方面的研究和实践取得了初步进展。

7.1.3 区块链技术应用于征信领域的可行性及应用模式探析

（一）可行性及优势分析

1. 去中心化问题

去中心化是区块链技术的本质特征，但完全去中心化的架构对于征信领域是不太适合的，每个信息主体的信用和风险状况是由每一条独立的信息组合而成的，应有一个中心化的机构（如专业化的征信机构）加工整理，因此专业化的机构在其中的作用仍是不可或缺的。参考区块链在金融领域的应用，私有链、联盟链、附加私链等方式都是可以考虑的方式。

2. 社会认可方面

目前社会征信机构发展中面临的最大问题除数据获取方面外，整体认可度相对较低，这在企业征信机构方面表现得最为明显，绝大部分机构的社会影响力很小或只在部分区域有一定影响。而区块链技术的去信任、分布式账本、不可篡改等特性则较好地解决了这一问题，征信机构加入这一信任系统后其社会认可度也会逐步得到提升。

3. 信息的采集范围与尺度

随着大数据的兴起，社会上形成了"数据即信用"的观点，所有的数据都可以作为信用信息进行采集和加工，然后通过数据模型进行分析形成信用产品，这与征信的概念与本源并不相符。区块链征信特定的公钥与私钥加密方式，可以在系统建设伊始就对需要采集的信息进行明确。所有信息的采集、加工、使用都应得到信息主体的授权，使整个区块链系统运行在一个统一、规范合法的规则之下，通过明确参与各方的权利义务，形成良好的征信系统建设氛围。

4. 参与机构的广泛性

目前央行征信中心的信息采集方、使用方以银行业金融机构为主，并吸纳了部分保险、证券业和其他非银行信贷机构，大量的外围影子银行系统则没有被纳入。基于区块链技术的征信可以通过有关规则的设定和智能合约技术的运用，引入更广泛的机构参与，为其提供更直接、准确、及时的信息获取渠道，参与机构首先应遵守规则并且是自愿的。在技术和规则较为完善的情况下，机构选择参与利大于弊，会吸引越来越多的机构参与到征信系统建设中来。

（二）应用模式的构建

目前对于区块链征信平台的建设主要有两种模式，一种是在传统征信模式上的改良模式。依托目前已有的信息数据，主要是将征信机构以及数据源单位加入区块链平台。在数据需求方与使用方之间搭建数据信息交换平台，需求方一般是针对某一特定主体，如贷款申请客户，向接入区块链平台的有关方发出查询需求申请。如果有征信机构或其他信息源头单位掌握相关信息，则在平台中发出可以提供数据的信息；同时提供数据的申请也会通过短信或者 APP 的方式发送给信息主体本人，信息主体授权后，信息需求方再根据支付信息对价的相关规则设定，在支付费用后获得相关信息。信息主体也会接收到一份与信息需求方所收到信息内容相同的记录，供其了解相关记录是否符合其授权及相关内容是否准确，如与实际情况存在误差，则可以采取相应的纠错措施。以上的行为都会被记录到区块链条中并被查询到，以验证这些行为是否合法合规并有据可查。另一种区块链征信平台建设模式是新建数据平台模式。新建模式是构建全新的区块链征信生态平台。所有的信息主体、信息需求方、信息提供方、征信机构包括征信业监管方都成为区块链平台上的节点，但在平台上所起的作用是不同的。对于平台建设，一是信息主体包括企业和个人，有不同的业务规则。对企业主体来讲，区块链上生成与其相关的信息包括除涉及商业秘密和法律法规规定不能对外提供的信息之外，有关的信息记录和发布是公开的，也就是说不需要获得企业的私钥来取得授权。个人信息则更为严格，除法律法规规定可以直接公开的信息外，所有生成的信息都被加密，在得到个人授权密钥后才能进行处理。二是分布式账本的记录必须得到许可。账本是由信息主体，与信息主体相关的信息提供方、使用方、得到许可的征信机构进行记录，而不是全网所有节点都可以记录。三是信用记录的生成主要依靠智能合约技术和有权威发布能力的政府部门等提供。比如网贷平台与贷款者签署了智能合约，如果消费者按时履约，就会在区块链中自动产生一条履约信息；如果未按合约约定履行义务，则会自动产生一条违约信息记录到相关主体的区块链上。掌握这个账本的包括信息主体、网贷平台、得到授权的征信机构。如果有其他的征信机构或信息需求方需要得到相关信息，则需要得到信息主体的授权。类似的，企业间的商业往来也可以引入智能合约技术。交易双方按照相关规则执行，合约执行情况会如实加载到区块链中，在信息需求方需要了解企业信用状况时，可以向企业申请，得到企业同意授权后查看相关情况。四是征信机构对信息的加工处理。根据合约记录或有关部门发布的信息记录仍然是分散的，对于信息使用方来说并不方便。征信机构在得到信息主体授权的情况下，可以对分散的记录进行整合，并结合自身从其他相关渠道所采集的信息，对某个信息主体的信息进行加工处理，并最终形成信用产品提供给需求方，这也是需求方所需要的内容。借助于区块链技术的特性，这些信息的可信度大幅提高。五是监督管理。监管部门也作为一个节点加入到区块链平台中，主要作用是对平台规则的了解和审核同意、对平台运行情况的统计分析、对参与各方遵守规则情况进行监督、对信息主体的投诉进行受理，以确保整个区块链征信系统在得到有效监管的前提下稳健运行。

陈纤汝（2016）基于互联网征信、大数据与区块链的概念和视角，分析了互联网征信行业发展亟待解决的问题：信用信息采集覆盖率不够、维度单一，央行征信系统与互联网系统数据平台无对接、数据不共享，征信信息隐私保护与数据安全面临风险，互联网技术与管理有待提高，互联网征信行业监管难度大等，提出了区块链与大数据技术结合在互联网征信应用中的建议：高覆盖率、多维度拓宽征信数据采集范围，增强数据隐私保护，促进数据平台对接，降低信用交易成本，提高信息使用效率等。区块链与大数据的结合，为互联网征信的快速发展提供了新的思路。

（1）高覆盖率、多维度拓宽征信数据采集范围

大数据的特点是海量数据，但是这些数据运用到征信领域中会有被篡改、数据失真的缺陷以及数据安全得不到保障。区块链以其可信任性、安全性和不可篡改性很好地弥补了这一缺陷，让更多数据被解放出来，从而推进数据在空间与维度的海量增长，增加数据的鲜活度。

（2）增强数据隐私保护、促进数据平台对接

区块链技术的一大特点就是可以让数据使用者在不访问原始数据的情况下查看数据，这可以更好地保护数据隐私。将区块链与大数据结合的技术运用到互联网征信中去，可以保证在进行征信数据采集分析时，保护数据生产者的合法权益，为建立更多维度的信用报告模型提供更多可能性。通过央行、政府与互联网企业所掌握的信息进行数据平台对接，信用报告可能还会包括个人或者企业的社交关系（通信资源）、产权信息、财务信息（履约能力）等指标，从而拓宽信息维度，增强信息的参考性。

（3）降低信用交易成本，提高信息使用效率

区块链技术作为一种分布式账本，可以在预先设定好合约条件的情况下，自动筛选出符合条件的双方，执行合约。在系统中的参与双方并不需要花成本去了解对方的信用信息，也无需借助第三方中介机构，只要条件满足就可自动执行合约。并且系统会真实完整地记录保存整个交易过程，提供交易证据资料。这种去中心化的特点，让信贷双方降低信用交易成本，提高了信用信息使用效率。运用大数据技术的互联网征信在采集个人信息方面有着得天独厚的资源，二者的结合让快速达成信用交易变得更加方便有效。

（4）明确数据所有权，保护用户合法权益

区块链技术加密存储了信用交易双方完整的交易记录，成为各自信用资料的一部分，同时也明确了双方对数据的所属权，写入区块链的信用数据，不用担心被篡改与泄露，而且可追溯信用交易的明细。因此，

将大数据写入区块链，将是每个人产权清晰的信用资源。

（5）统一信用数据库，减轻政府监管负担

区块链技术为监管部门提供了新的工具，每一个区块记录都包含有完整的时间戳，由于采用通用共享的数据库，所有的数据都按照一个共同版本的要求进行记录和加密，并且允许任何一个可信任方进行调用，因此可以满足监管部门的交易记录存档要求。同时，该技术还可以帮助监管部门通过一个窗口进行实时观察、跟踪交易数据，为政策的制定和调整提供依据。

管弋铭等（2017）认为，与虚拟货币领域不同，征信领域内主要的变革推动者不再是非传统组织，而是主流金融机构和监管当局。因此，征信领域内区块链技术的改造规划能够更为充分地考虑到主流社会伦理和法律原则，大范围可操作性较强。基于区块链技术对于征信领域的改造主要包括两个方面：

第一，基于区块链技术改进征信信用算法，提升对于异常交易的识别效率。目前，该方面改进的设想方案主要停留在纸面上，在具体操作中还没能得到实践。

第二，改变征信数据的应用模式，主要是通过基于区块链技术协议实时共享征信数据，从而提升审批机构对于数据采集和审批的效率。在传统征信系统中，完成一笔完整的征信循环至少需要 5 步，而在区块链征信系统中，则只需要 3 步即可完成。目前，此方面应用已被部分金融机构投入业务试点。例如，根据公开资料，2016 年 11 月中国银行开始在抵押贷款的房产评估上测试使用区块链系统。此外，中国银行还计划短期内在香港地区与汇丰银行开展基于区块链技术的按揭贷款服务合作。在传统技术手段下，房产贷款申请人的申请需要经过房产鉴定员进行评估，然后再结合其他资料进行审核；而基于区块链技术，数据库的更新和资质审核将获得极大的加速，以往数天的业务流程可被压缩在数秒内完成。

王强等（2017）认为区块链以技术建立共识信任，直击征信业"痛点"，包括数据缺乏共享，征信机构与用户信息不对称；正规市场化数据采集渠道有限，数据源争夺战耗费大量成本；数据隐私保护问题突出，传统技术架构难以满足新要求。因此区块链技术在征信领域有着广阔的应用前景。

针对目前我国传统征信行业的现状与痛点，区块链可以在征信的数据共享交易领域着重发力，例如面向征信相关各行各业的数据共享交易，构建基于区块链的一条联盟链，搭建征信数据共享交易平台，促进参与交易方风险及成本的最小化，加速信用数据的存储、转让和交易。平台节点成员包括征信机构、用户、其他机构（互联网金融企业、银行、保险、政府部门等），平台主要的共享交易模式有两种：一是征信机构与征信机构共享部分用户信用数据，二是征信机构从其他机构获取用户信用数据并形成相应信用产品，具体参见图 7-1、图 7-2。

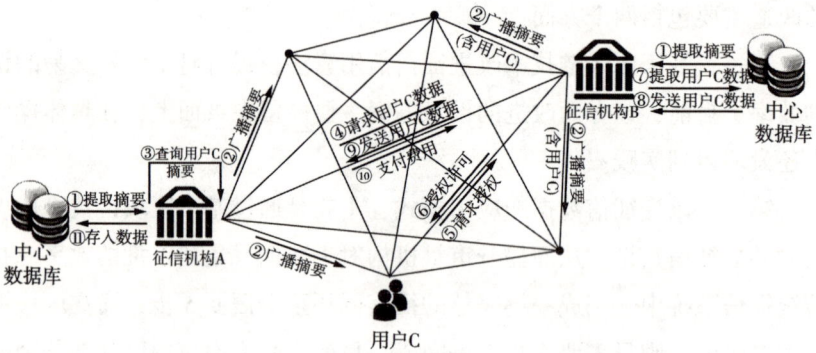

图 7-1　征信机构间共享用户信用数据

（1）第一种模式

征信机构各方参与者是主要参与节点，既作为数据查询使用方，也作为数据提供方。征信机构 A、B 原始数据均保存在自己的中心数据库：①从中提取少量摘要信息。②通过区块链广播，保存在区块链中。例如，征信机构 A 对用户 C 的信用数据有查询需求时，首先查询自己所在节点中公开透明的摘要信息，匹配到征信机构 B 的摘要信息含用户 C，则查询请求可通过区块链转发到征信机构 B。征信机构 B 向用户

C 请求授权，用户 C 向征信机构 B 许可授权后，征信机构 B 向中心数据库申请用户 C 的信用数据。中心数据库返回用户 C 的信用数据，征信机构 B 向征信机构 A 发送用户 C 的信用数据。征信机构 A 向 B 支付费用后，将用户 C 的信用数据存入自己的中心数据库。这样征信机构各方既可以查询到外部征信机构的信用数据，又不泄露自身核心信用数据。

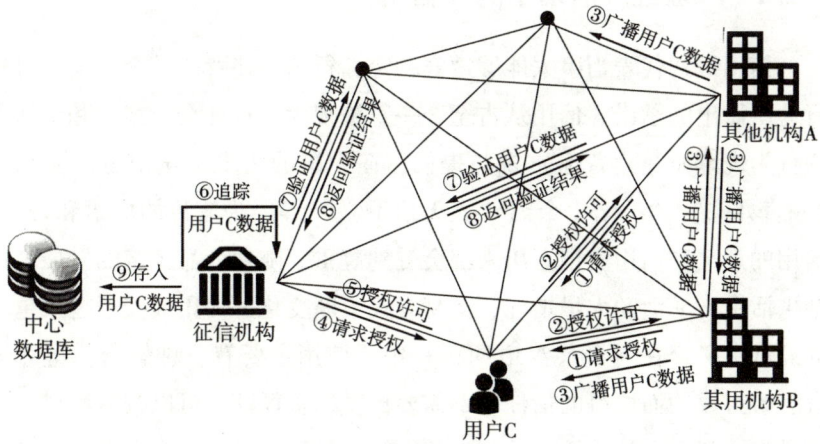

图 7-2　征信机构从其他机构获取用户信用数据

（2）第二种模式

例如，其他机构 A、B 向用户 C 请求授权，经过用户 C 授权许可后，将各个环节关于用户 C 的数据进行广播添加到区块链中，在链上显示的这些数据只有用户 C 的地址属性，并不会泄露用户隐私。征信机构向用户 C 请求授权，经用户 C 授权许可后，在自身节点中对这些数据进行追踪，获知用户 C 过往的贷款记录、还款记录、逾期记录、当下大致的债务情况等数据。征信机构在区块链中经验证得到数据的真实性，存入中心数据库，继而对其信用状况进行分析判断。该模式中信用数据是可以多源交叉验证的，因此数据真实性有所保证，且无法被企业或者个人篡改。

7.2　经济信用、数字货币信用与征信信用的差异

"信用"的涵义兼具复杂性和多样性，在不同系统中对应着不同概念、形成机制和影响因素，即使在同一系统不同组织或不同场景下也存在功能和作用上的差异。

7.2.1　一般经济活动中的"信用"

信用最初代表当事人能够遵守约定，行为不违背前一个时期对自身行为所做出的承诺，信用从古至今一直被视为一种社会、经济和生活上的行为规范而受到普遍重视与提倡，在中国的历史文化中更是凝练出"一言九鼎"、"一诺千金"、"人无信不立"等广为流传的成语和告诫，信用的意义和信用实现者历来都会受到尊重。随着商品经济的发展，社会生活中交易活动大量增加、交易方式不断变化，信用被授予越来越多的经济意义，在《现代汉语词典》中，信用主要有三种解释：遵守诺言、履行成约而取得的信任；不需要提供物资保证，可以按时偿付；银行借贷或商业上的赊销、赊购。其中第一种解释是一般意义上的广义的信用，也是后两种关于信用含义解释的基础和切入点，能否遵守诺言涉及整个人类生活、社会活动以及历史进程的方方面面；后两种解释是经济层面的信用，并进一步在银行借贷和商业赊购等具体金融和经济活动上定义信用。

在现代经济中，信用的范畴主要内生于借贷行为，其本质是一种建立在以在未来某个时刻能够兑付承诺为基础，以付出可收回为条件，以资源取得可归还为义务，使信用主体无需即时支付现金就能获得资金、商品或服务的能力。信用主体是借贷行为涉及的当事者双方，信用客体是借贷双方交易的资产对象，信用关系是信用发生后授信者拥有收回资产的权利，受信者承担归还资产的义务，即一种权责关系，信用主体、信用客体和信用关系构成了信用三要素。现代信用的形式包括消费信用、商业信用、银行信用、国家信用和国际信用，五种信用形式有时是

直接出现和发生的，但绝大部分还是依靠第三方金融中介机构来实现。

信用发生通常以盈利为目的，贷者之所以贷出资金是因为有获取利息的权利和效果，借者之所以借入资金，一方面是因为承担了偿付义务，另一方面是其预期在有限期限内能够获得更大利益，借贷双方之间在兑付承诺未得到完全实现之前存在信用关系，若信用发生不以盈利为目的，借者有可能没有能力履行债务，贷者债权也将会受损。遵守信用是保证长期利益实现的前提，借者违约将损害自身声誉，劣势声誉一旦在市场中广泛传播，借者因其历史风险性难以再次得到信用支持，或者得不到足额的信用支持，而且很可能需要付出极高的利息成本；相反，如果借者坚持遵守信用的原则，通过多次兑付承诺不但可提高可信程度，扩展信用范围，还会得到其他交易方更大的信任，从而保证和促进长期利益的实现。

信用是市场经济最重要的基础支撑。第一，市场经济需要建立合理的信用秩序，使守信者得到尊重，失信者得到惩罚，信用秩序混乱将严重破坏交易过程，导致企业资金运行出现梗阻，道德风险普遍发生，银行效益不断下降而坏账率将持续攀升，个人之间、企业之间、银企之间互不信任，甚至导致市场运行失败和经济萧条的结果。第二，信用是经济增长的重要因素，市场经济的发展是信用关系层层深化的结果，新的信用关系不断建立和积累，旧的信用关系不断消失，使市场中经济资源得以有效配置，使社会财富得以重新分配，推动整个经济运行效率和持续的经济增长，而信用缺失将严重制约一国经济。第三，市场中信用关系处处存在，一方经济主体可能既是债务人又是债权人，既是资金提供者又是资金接受者，债务和债权关系相互交织形成借贷网络，现代经济实际上可称为信用经济。根据中国社会科学院公布的数据，在 2015 年末中国整体债务总额为 168.48 万亿元，全社会杠杆率达到 249%，其中居民部门杠杆率为 39.9%，非金融企业部门杠杆率为 131.2%，政府部门杠杆率为 56.8%，先不考虑杠杆率高对经济发展影响是好是坏，单从统计数字上看，无论是政府部门、企业经营还是居民消费都已经和信用深度结合。亚当·斯密在其"看不见的手"中揭示了人因追求私人利益最大化的理性选择如何促进整个社会经济效益提升的原理，行为决策盈利化导向深化了社会分工，而分工又继续正向作用于经济发展，"看不见的手"理论前提是理性人假设，每个人理性地做出认为对自己有利的选择，只有自利和理性同时存在才能使整个社会达到利润最大化状态，但任何参与经济活动的主体在很多情况下无法做出理性选择。在标准的新古典经济学中，信息是完备的、交易成本为零，任何违背合约等行为都可被立即发现，不守信的行为几乎不存在。随着现实中经济危机和金融风险重复发生，经济学家开始意识到经济人并非总是理性，信息也并非总是充分，市场经济中存在大量不确定性，并逐渐发展出有限理性、信息不对称、不完全合约等经济理论，而信用秩序将有效降低不确定性，缓解交易中信息的不对称，补充不完全合约的缺陷，让信用关系得以建立和规模化发展从而促进经济增长。

信用形成是以产权制度为前提的。信用是市场经济的基础，而信用形成的前提条件是私有财产所有权明晰，不界定资产私有权就无所谓借贷，贷者与借者无需考虑收回和归还，利息和租金问题更不可能存在，产权受到威胁或破坏就会增加未来预期的不确定性。产权在经济学信用形成方面具有两种功能：一是激励和约束功能，产权界定将限制资源使用方式，不但明确了当事人的利益，激励当事人为保证利益做出努力，也明确了当事人的责任，任何人都要对其借入资金承担责任，保证以确定方式承担借贷成本，否则在产权不清晰的环境中责任将难以明确。二是信用关系转换功能，债权所有人可以通过转让债权给第三方从而结束自己与债务人的信用关系，同时建立新的信用关系，债务人的负责对象发生了变化，这就是通常所说的债权转让。

7.2.2 数字货币系统中的"信用"

数字货币系统中有多种信用形式，如何将区块链技术应用于征信体系需要厘清数字货币系统所涉及的"信用"问题，信用涵义不同，区块链技术应用方式甚至区块链本身也需要做出技术和功能上的改变。2013 年，中国人民银行等五部委在联合印发的《关于防范比特币风险的通知》中指出比特币不是真正意义上的货币，是一种特定的虚拟商品，不具有与货币等同的法律地位。同年，德国政府却认为比特币是一种货币单位和私有资产，正式承认比特币合法地位，随后，美国、加拿大等国家纷纷将比特币合法化。如果比特币可以作为合法货币看待，那么信用货币和比特币电子现金蕴含的信用有什么联系和不同，区块链技术构建电子现金系统时解决了哪种信用问题？

历史上货币的形态大致经过三个阶段，首先是物物交换阶段，即不存在货币的时期；其次是商品货币阶段，如金银等具有商品属性和使用价值的贵金属，商品货币的创造主要取决于金属矿藏的发现和冶炼；最后是信用货币阶段，如流通中的现金、银行存款等，货币本身没有内在价值，其价值体现为人们对货币发行者的普遍信任。在金融学范畴中，履行借贷承诺能力的"信用"英文为 credit，这里提到的"信用货币"英文为 fiduciary currency，而不能直接译为 credit currency，fiduciary 有"基于信用的、受信任的"涵义。信用货币之"信用"本质上是建立在货币发行、货币所有权和货币使用的制度安排上，包括信用制度和制度信任两个侧面。信用制度是货币的价值依靠国家制度进行定义和担保，国家货币政策将保证稳定的货币购买力，任何侵犯他人货币所有权和非法使用货币的行为都将受到法律制裁；制度信任是一种结果，信用货币背后拥有制度支撑能够为货币持有者的利益提供保障，这种制度和货币得到普遍信任。信用货币发行由国家权力垄断，通过制度建设和法律保障让使用者接受没有内在商品性质的货币符号，是被法律要求强制使用和流通的交易媒介，国家可以通过相关货币政策来控制和管理货币发行量。马克思主义哲学阐述过人是社会发展的主体，任何制度与政策都是为人的活动服务或约束，也是由人在制定和执行，因为人具有主观能动性和有限理性，制度与政策本身并不能完全保证所有人的利益，甚至有时会因为制定失误、执行失误等因素起到相反的作用。事实上，信用货币对推动世界经济发展具有不可磨灭的贡献，但这种更高级的经济产物也不是完美无缺的。哈耶克在《货币的非国家化》一书中提到，在国家垄断的信用货币条件下，政府需要考虑货币稳定性以及财政支出，政府为缓解债务压力或者为获取私利有可能打破信用制度，大量发行货币造成通货膨胀，货币持有者随着货币贬值而遭受利益损失，过高的通货膨胀将致使人们不再信任法定货币。历史上，通货紧缩是暂时的、区域性的，通货膨胀是持久的、广泛性的，信用货币和信用制度在特殊情况下未必值得信任。

比特币作为一种数字货币已经得到许多国家的法律承认，但比特币和区块链的出现不是某种制度安排，其所蕴含的"信用"也并非由法律或其他权威机构背书，信用建立和货币发行不是依靠制度而是有赖于技术规则。首先，货币发行取信于技术规则和激励机制，货币币值总额固定可实现系统零通胀。在比特币系统中，全部竞争记账的节点大约每隔十分钟完成一轮算力竞赛来解答一个数学问题，竞争获胜者将得到一次向区块链写入一个新区块的记账权，新的记账信息向全网进行广播，如果记账中所有交易都合法，每个节点将接收到的新信息纳入新区块完成区块链分布式更新。算力竞争需要消耗电力成本，获得比特币奖励是节点加入算力竞争的激励，每轮竞争获胜者在新区块完成交易记账后可以获得一定数量的比特币奖励，激励与奖励过程同时也是比特币发行的实现，一开始每次奖励 50 比特币，每四年减少一半，2016 年 7 月比特币系统报酬奖励额出现第二次减半，即每次奖励 12.5 比特币。其次，人们①信任比特币系统，相信比特币有内在价值。区块链具有分布式存储的特点，每笔交易都记录在区块链中并可以随时查询，区块链技术构建的比特币系统安全性高，现实世界中如果银行中心信息结算系统出现故障或受到攻击很难保证货币持有者的利益不受损害，而比特币系统中没有绝对的中心，任一节点受到破坏不影响整个系统的运行，区块链技术提供了比特币系统安全和可信基础，以比特币为交易媒介不经过金融机构等中介，使用比特币支付节省了大量交易成本，企业不必在交易过程中向第三方缴纳服务费，而比特币数量有限性使其币值随着时间推移而增加，这成为人们愿意持有比特币的因素之一。最后，比特币交易系

---

① 这里指部分群体，因为世界上一些国家或地区并不认为比特币是货币。

统平台加速了货币流通速度。与网络上的虚拟货币如腾讯 Q 币只能单向买入不同，比特币在比特币交易平台上用法币进行买卖，目前，比特币中国、火币网和币行网是中国三大比特币交易平台，比特币可以直接提现至数字钱包用于消费支付。比特币与法币交易和兑换的便捷性最终使比特币流通速度加快，但比特币因为数量有限所以存在货币紧缩的风险，如果人们过于相信比特币未来将持续升值，将会有更多的人持有比特币从而发生货币窖藏行为，商品与服务交易行为随之减少而影响宏观经济的稳定。

可见，比特币系统中"信用"的涵义主要是技术规则可信任和可信技术打造的货币发行与交易透明。比特币区块主要解决了两种信用问题，一方面是货币发行建立在工作量证明和激励机制上，实现了机器可信任，不通过中央银行去发行信用货币，除去了传统意义上国家和权威机构为货币人为制定的信用制度，"去信任"的过程同时伴随着信用创造的过程，这也是"去信任"的真正涵义；另一方面，区块链中以密码学、时间戳、信息广播等技术解决双重花费等问题，建立全网共识和点对点交易信任，目的是证明已经发生的交易。区块链技术在比特币系统中发挥了核心功能，保证了系统安全性，主要体现为货币发行和已交易信息分布式记录、验证、存储等工作。然而，比特币不受任何第三方监管，区块链技术因程序规则规范缺失和监管缺位无法判断现实世界中比特币持有者将比特币用作何种交易，正因这种监管漏洞的存在使毒品交易、贩卖儿童、非法枪支买卖等犯罪活动难以得到遏止。

区块链技术在比特币系统中发挥了核心作用，随着区块链技术日益受到各界重视，一些人在没有做出正确理解的情况下，就草率地认为区块链将完全颠覆征信业，每一个人的信用都得到精确评价，甚至认为区块链技术将直接实现借贷双方的借贷行为而无须经过金融机构，可降低违约风险。实际上，区块链技术在征信体系和资金融通方面能否作为主体地位发挥核心功能值得怀疑，单独依靠区块链技术构建高效的征信体系而忽略制度、法律、市场和其他技术方面的影响也不合理。

7.2.3　征信体系中的"信用"

　　一般经济活动中，信用关系的发生以建立契约为前提条件，结果是导致有条件的价值转移。征信过程中一般不发生契约关系，没有价值转移，更具体地说，征信体系中的"信用"通常作为一种结果，只反映信用主体还款能力的高低程度，这种"信用"通过信用信息征集、信用信息审核、信用评价得以排序和比较，通过征信机构提供的信用咨询、信用信息调取为金融机构提供支持，通过征信体系中相关法律法规的惩戒机制对信用主体的行为进行引导和规范。

　　征信是为了评价能否建立契约进而计算能够实现多大数量、多长期限、多高成本的价值转移，是信用关系得以发生的基础，为整个金融系统中金融交易和风险管理提供咨询服务。根据经济学原理，供需是市场形成的条件，没有供给的市场无法形成，没有需求的市场也难以为继。金融市场与商品市场的存在与发展同样都取决于供给和需求匹配，但两者差异在于金融产品的影响具有风险性、广泛性和传染性，任何供给和需求的不稳定都有可能引发风险。商品具有明显需求和流动性边界，一家生产性企业可能因经营效益不佳造成亏损或退出市场对整个经济不会产生太大影响，一家银行或其他金融机构如果因风险管理不当导致提现困难，流动中的信息将改变整个市场中经济主体的情绪，在通货膨胀或经济下行时期很可能出现市场恐慌和大规模的挤兑行为，从而引发系统性金融风险。金融市场的不稳定和金融产品的特殊性要求市场必须建立征信业务，防范信用风险。建立信用、创造价值以及控制风险既是征信发挥的作用也是征信产生的动因，征信作用与动因的形成机制则包括缓解信息不对称、降低交易成本、激励自律和防止过度借贷（Jappelli & Pagano，2005）。

　　征信可缓解信息不对称，增强信用透明度。判断是否为借款者提供信用支持，需要对借款者的信用历史和未来还款能力有清晰的认识，但个人和企业普遍不具有获取对方更多隐私信息的能力，也受限于风险识别专业性不高，很难刻画借款者的违约概率，因此需要专业征信机构提供信用评价和风险测算的服务。根据征信服务给出的信用评价结果，授信方对借款人有更全面的了解，能更准确地把握借款人未来履约和违约的可能性，然后提供相应信用支持。征信机构通过对借款人信用信息审查，一定程度上保证了借款人信息的真实性，大大减少信贷行为中信息造假和欺诈行为的发生。征信机构作为中立第三方得到授信方和借款者的共同信任，其征信报告结果被作为可信的、有价值的综合信用凭证。在整个社会中征信覆盖范围越广、服务效率越高，经济运行中的信息不对称问题就会解决得越好。

征信可降低社会信用成本，改善社会福利。信用较低的中小微企业和个人存在信息收集困难、信息规范性低、信息质量参差不齐等问题，一些金融机构若要单独进行详细的信用评价需要耗费大量成本，面临着如何获取借款者历史信用信息，如何监督借款人道德风险等问题的挑战，甚至最终所得利润无法弥补成本支出。借款者为了获得资金不得不花费大量时间和成本来提高信用，向金融机构证明自身的低风险性，如果将金融机构为了评价借款者信用付出的成本和借款者为证明信用付出的成本视为信用成本，那么在没有征信服务的情况下，金融机构和借款者为信用评价付出的成本总和将是巨大的。征信机构和其管理的信用信息系统以技术优势为金融机构提供低成本的征信服务，无论对于金融机构还是借款者都是一种帕累托改进，整个社会财富损失减少，社会福利得以提高。

征信可激励经济行为自律，促进信用的积累。征信体系的存在强调了信用的重要性，以往无法获得金融服务的群体通过征信进行信用风险评价有可能享受到金融服务，信用缺失或不守信行为将被征信系统进行永久记录，这在经济活动中往往会成为污点和导致竞争劣势。在无需固定资产抵押品的借贷模式中，良好的信用记录是一种无形的信誉资产和信誉抵押品，违约行为将让借款人付出较高代价，长期积累起来的信誉被大打折扣，严重影响未来商业活动或个人信用消费行为。在利益驱动下，人们逐渐将信用建设视为一项重要工作，有意识地增强自律和守信行为，而长期守信将带来信誉，信誉积累再次提高可信程度。

征信可防止过度借贷，降低信用风险。近年来，在利率市场和金融创新不断涌现的影响下，金融业市场竞争迅速加剧，一些金融机构为扩大市场份额，为信用不足者提供高额信用支持，以期在长期获得为客户持续提供服务的机会，但这种行为忽视了短期风险，借款者有可能无法偿还全部借款。征信机构作为独立的第三方可为金融机构提供建议，从侧面影响金融机构行为，降低因违规操作引发的信用风险。过度借贷有可能是金融机构主导，也有可能由借款者造成，借款者在资金需求量大，或者因为信用较低担心被拒绝授予信用借款，有可能向多家金融机构同时申请借款，最终导致过度借贷。借款者要为每份借款付出利息成本并在规定时间内全部偿还，过度借贷增加了信用风险。如果一国征信体系实现全国联网，可查询到借款者已有负债和其他正在申请的借款，金融机构将会采取谨慎决策，放款时也会更加小心。

7.3　区块链技术应用于征信的机制分析

比特币的区块链是为比特币体系设计而定制的，比特币区块链技术并不完全等同于区块链技术，区块链技术可有多种形态、体系、用途和规格。应用区块链技术需根据应用场景的不同进行功能的改造和运行设计，以适应实际操作需要。在比特币系统和征信系统中区块链技术面临的信用问题不同，解决方式也必然不会完全一致，前者主要集中于信任建立，后者则聚焦在信息分析和信用评价层面。在信贷领域，点对点直接交易的前提是双方互信，本质仍然取决于还款能力的高低，不可能无需评价风险就达成借贷合约。通过对三个系统中"信用"问题的分析和对比，可以看出区块链技术在征信体系的应用上是有条件、有应用范围的。

实际上，应用区块链技术不能否定或省略信用评价和其他的征信环节，区块链技术将作为征信体系的基础设施改变征信过程中的信用信息征信、信息审核和信用评价的方式，以及征信服务的方式，最终建立更加高效的征信体系。为防范技术风险和保障信息安全，区块链征信需要在现有征信制度和法律框架下发展，区块链技术仅作为征信体系的基础技术对征信业务进行优化，开展征信业务的机构需要通过中国人民银行的资格审核。在征信体系管理方面，区块链征信体系仍然是中心化的，必须以国家政策为导向；在征信方式上，征信机构相互协作，获得征信业务资格的机构将共享统一的征信信息数据库，征信信息以分布式状态存储在各征信机构后台并由全部征信机构共同维护，征信机构最重要的任务是建立信用评价体系为被征信人提供信用评价；在征信业务上，各征信机构是相互竞争的关系，选择哪家机构进行征信完全取决于被征信人自身，被征信人可以选择一家也可以选择多家征信机构；在征信服务方面，金融机构可以在任一征信机构查询到某一被征信人的信用状态，实现了征信业务和征信服务的去中心化。

区块链技术将从三个方面重新构建征信环节。首先，区块链技术将通过对信用信息认证进而对信息进行产权确定，保证被征信人信息财产安全和信息真实性，提高信息质量和信息透明度，遏制被征信人信息造假等行为，降低因信息不对称引发的逆向选择和道德风险。其次，构建信用信息共享与交易系统，打破数据孤岛和信息垄断问题，推动征信市场化、一体化发展，从根本上解决多头借贷问题。最后，区块链征信体系需要大数据、云计算等信息技术的综合利用和相互配合，完善信用评价模型，从而更加准确地识别被征信人的信用风险。

7.3.1　基于区块链技术的征信业务创新

王天青等（2016）发明了一种基于区块链的征信数据共享与交易系统，征信数据共享与交易系统包括至少两个 P2P 的网络节点，网络节点中包括底层区块链系统以及运行在所述底层区块链系统上的征信数据共享平台，征信数据共享平台包括：数据共享模块、数据评价模块、数据查询交易模块、区块链适配层。该发明的征信数据共享与交易系统使用区块链技术构建了一个可信的征信数据共享与交易平台，使用特殊的数据共享机制、数据查询机制、数据交易机制和数据评价机制，能够吸引征信数据拥有者和征信数据需求者使用，以使得征信数据提供者在

数据被保护的情况下可以实现数据交易，征信数据查询方则可以获取征
信数据，完善自己的风控水平（见图 7-3）。

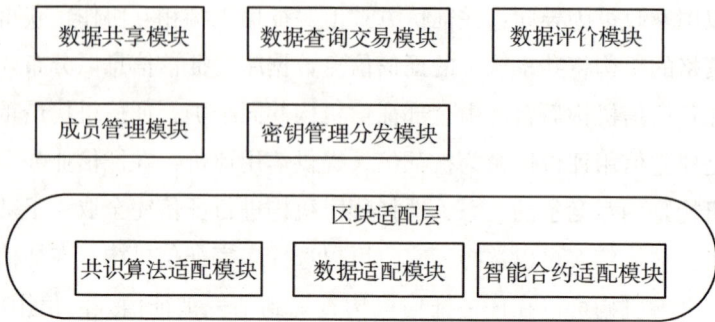

图 7-3　征信数据共享平台

黄步添等（2016）发明了一种基于区块链技术的个人征信系统建
设方法，利用区块链这一技术特点将个人信用数据信息进行区块化封装
及分布式管理，能够有效摆脱个人征信系统集约式管理下管理中心负担
重、效率低的弊端。同时，该发明在区块链中应用 RSA 这一非对称加
密算法，极难通过遍历所有可能的密钥来破解，极大地保证了个人征信
系统的安全性，能够有效杜绝信用数据的非法篡改。该发明能够实现多
个信用数据库之间的高度安全的分布式数据共享，可避免建立集约化的
个人信用管理中心，降低征信成本；区块链完整的模型体系结构使得其
在个人征信领域具有非常广阔的应用前景。

一种基于区块链技术的个人征信系统建设方法，包括如下步骤：

（1）由金融机构基于区块链技术构建分布式的信用数据管理共享
框架。

（2）构建个人信用数据库，进而对个人信用数据库中的个人信用
记录进行区块化封装并链接形成区块链。

（3）采用非对称加密算法对个人信用记录进行加密保护。

所述步骤（1）的具体实现过程如下：

首先，金融机构以制定行业标准的方式将各自的信用评估体系进行

统一。其次，金融机构将各自征信数据库中的信用数据进行区块化封装，并统一区块结构。再次，将与信用数据对应的各区块链接形成区块链；若某个用户在多个金融机构中存在信用数据，则采用其中信用水平最低的信用数据对应的区块接入区块链主链，其他信用数据对应的区块相应地接入支链作为补充。最后，采取非对称加密算法对区块链中的信用数据进行加密；金融机构采用公钥对自己掌握的信用数据进行加密并发布，同时获取其他金融机构掌握的且自己缺失的信用数据密文并用私钥进行解密，最终实现全行业信用数据的共享。

所述步骤（2）中的个人信用数据库包含有众多个人信用记录，所述的个人信用记录包括有报文头及与其关联的基本信息数据表、居住地址数据表、担保信息数据表、职业信息数据表和报文数据表。其中，所述的报文头由账号和身份证号组成；基本信息数据表由姓名、性别、年龄、出生日期、婚姻状况、授信额度、业务种类共 7 个字段组成；居住地址数据表由姓名、单位地址、家庭地址、居住情况、邮编、联系电话共 6 个字段组成；担保信息数据表由姓名、证件类型、担保状态、担保金额、担保人共 5 个字段组成；职业信息数据表由工资账号、年收入、岗位、单位性质、单位名称共 5 个字段组成；报文数据表由名称和数值共两个字段组成。在上述五份数据表中各字段均对应有字段编号、数据类型、长度、能否为空以及解释说明。

所述的步骤（2）中由金融机构按照个人信用记录生成的先后次序来确定各区块的地址并将所有区块链接形成区块链；若某个用户在多个金融机构存在信用记录，则采用其中最新的信用记录对应的区块接入区块链主链，其他信用记录对应的区块相应地接入支链作为补充；若存在两条生成时间相同的信用记录，则优先采用信用水平较低的信用记录。

个人征信系统建设方法，其特征在于所述区块链中的每一区块由区块头和区块体组成，区块头内封装有区块当前的版本号、上一个区块的地址、时间戳、当前区块的哈希值以及随机数，区块体内则包含有对应当前区块的个人信用变更记录；所有个人信用变更记录通过 Hash 过程寻找 Merkle 树的根且所述的根被记入区块头中。

所述的步骤（3）中采用 RSA 公钥加密算法对个人信用记录进行加密保护，具体过程为：个人信用记录生成方完成区块化封装后采用公钥对个人信用记录进行加密，之后发布密文使各金融机构间实现个人信用记录的共享；其他金融机构采用对应的私钥对密文进行解密从而获得所需的个人信用记录（见图 7-4）。

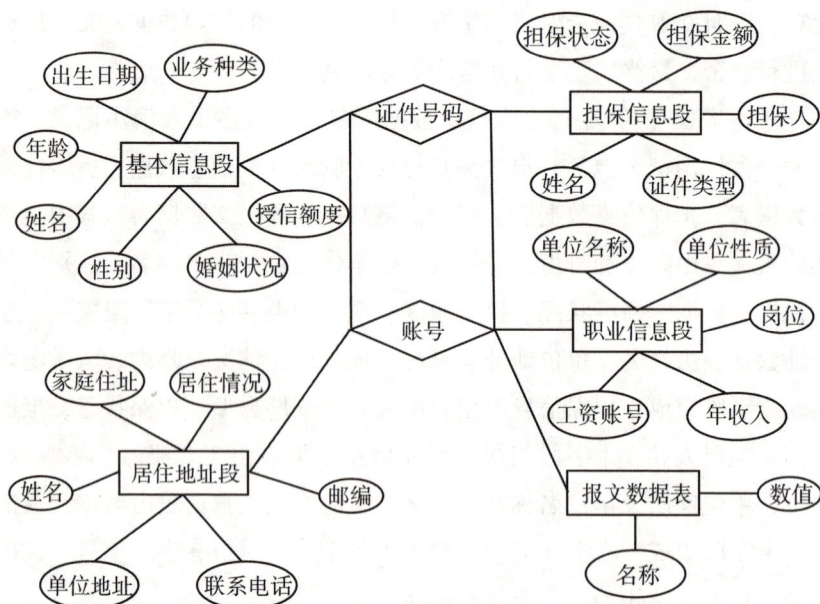

图 7-4　基于区块链技术的个人征信系统建设方法

张家麟等（2017）发明了一种微众区块链分布式征信系统及征信方法，采用数据挖掘模块进行数据的采集以及重组，并利用 PKI 密钥模块进行数据的单独加密以保证数据的真实、唯一，利用区块链信用模块进行数据的识别比对、评分模块的计分，计算结果能够进行云端的存储，且能够利用手持终端查看计算结果。该发明提供的分布式征信算法系统，能够实现个人及企业信用等级评算；同时通过大量数据采集及加密操作，确保数据的唯一性、真实性及评算结果的准确性。该发明将评算结果通过 PC、APP、微信端及手持式终端全生态显示，使用简单方便。

微众区块链分布式征信系统包括：云控制平台、云服务器以及云采集平台，其特征在于：云服务器通过网络与云控制平台、云采集平台连接，云采集平台包括：云数据挖掘模块、PKI 密钥模块以及区块链信用模块。云数据挖掘模块与 PKI 密钥模块连接，PKI 密钥模块与区块链信用模块连接。云控制平台包括：评分模块、显示模块、保存模块。

微众区块链分布式征信系统，其特征在于：云数据挖掘模块采用网页数据采集。

微众区块链分布式征信方法，其特征在于：利用云数据挖掘模块将分散在不同网络位置的个人与企业信息源进行分布式数据重组；利用 PKI 密钥模块对重组后的信息源进行独立加密，通过区块链和 PKI 加密技术确保不同数据源的真实性、唯一性与不可抵赖性；区块链信用模块对经过加密后的信息源进行后台模式识别比对，进行分析研判；评分模块将识别比对过的信息源数据进行匹配计算并进行计分；数据保存在云端服务器的数据库中；通过手持终端查询计算结果。

7.3.2 区块链技术在征信行业的实践

1. 公信宝

公信宝（杭州存信数据科技有限公司）成立于 2016 年，是一家专注于区块链技术创新的公司，公司研发了一条命名为公信链的公有链，并基于公信链开发了全球首个去中心化数据交易所，该交易所适用于各行各业的数据交换。主要面向互联网金融领域的网络贷款、汽车金融、消费金融、银行等企业以及有数据交换需求的政府部门、保险、医疗、物流等政企部门，以去中心化思维解决各个行业的数据安全交换和流通等环节中一直没有解决的诸多核心问题。2018 年 1 月，公信宝与蚂蚁金服旗下独立第三方征信机构芝麻信用签订数据合作协议，这是芝麻信用第一次与区块链项目正式建立合作关系，并将数据接入网络。

2. 甜橙信用

天翼征信有限公司成立于 2014 年，为中国首家运营商旗下独立的信用评估及信用管理机构。2015 年成为中国人民银行上海总部备案的企业征信机构。天翼征信通过整合中国电信、翼支付及合作方海量数据，依托专业的数据挖掘和模型建模能力，致力于提供专业的企业征信及个人大数据风控服务。公司主要产品有企业信用报告、企业资质审核、天秤欺诈盾、行业关注名单和甜橙画像。

3. 云棱镜

江西银通征信有限公司是一家专注于消费金融的创新型金融科技企业，立足于大数据和机器学习技术，2014 年云棱镜系统 V1.0 正式上线，利用数据挖掘、数据仓库、机器学习等大数据研发技术，帮助解决信贷行业贷前审核、贷中监测、贷后管理成本高、时效低、覆盖面小等问题，为银行、小额贷款、消费金融、抵押租赁等金融机构提供互联网征信、大数据风控、反欺诈解决方案。云棱镜系统提供在线征信数据建模、在线生成个人征信报告、征信报告管理、API 接口技术对接、反欺诈模型等服务。

4. 曲龙团队信链

为解决互联网金融时代信用评估方面存在的问题，2018 年 1 月，以曲龙（大连市电子商务协会会长，2013 年任百度联盟理事）为首的创始人团队（核心成员包括郑凯、百川、夫子）和澳大利亚 U 网董事长熊健一起开创了一个新的征信项目——信链，信链通过激励机制调动各方的协同参与，并利用区块链的分布式互助协作机制、安全高效的记账机制、开源的民主共识机制，形成了一种开放式、普惠式、民主化的健全信用体系。

5. 万达征信

2016 年 4 月 20 日，央行上海总部公示了最新一批备案企业征信机构名单，其中，快钱征信服务（上海）有限公司在列。快钱征信服务（上海）有限公司目前已更名为万达征信服务有限公司。万达征信服务有限公司将作为被监管部门认可的机构，正式进军企业征信市场。

6. Linkeye 区块链征信联盟

在"2017—2018 中国区块链风云榜年度盛典"上，Linkeye COO 王华文认为：区块链和很多行业是天然的匹配品，金融及征信就是区块链很好的结合点。王华文具体介绍了 Linkeye 区块链征信联盟的情况，并表示在 2018 年 Linkeye 团队会建立黑名单的共享平台，黑名单已达到上千万，接下来是做白名单，最后扩展至生活的方方面面。此外，王华文表示，在市场发展方面，Linkeye 将在区块链技术创新以及征信体系建设方面不断深化和缅甸方面的战略合作，立足中国、东南亚和欧洲市场，着力打通各方的数据孤岛，建立起一个完善的征信体系，能够涵盖个人、企业、金融机构等各方面的信用数据，实现征信信息的互联共享，共同降低社会经济运行风险，提高社会经济效益，用前沿的区块链技术促进全球信用社会的发展。

第8章 以数字普惠金融为导向的区块链征信系统构建

8.1 区块链征信——数据认证与数据存储

8.1.1 丰富征信数据的类型与来源

传统个人征信采集的数据维度过于单一，数据来源范围较窄。中国人民银行征信中心采集的个人征信数据包括四大类：个人身份类、个人信用类、特殊交易数据和特别记录信息。其中，个人身份数据由个体的姓名、性别、证件号码、教育水平、工作状况、婚姻状况和通信方式等指标组成；个人信用数据主要是在金融机构的贷款和履约还款的历史记录；特殊交易数据是在信贷业务过程中发生的贷款展期、担保人还款、以资抵债等信息，也是来源于金融机构的相关信息；特别记录信息包括被征信人欺诈、被起诉、破产、失踪和死亡等信息，具有公共信息特点，信息来自公安部、法院、工商行政管理部门和权威新闻媒体等。大部分征信数据是被征信人的历史数据，时效性不强，对被征信人信用风险指标变化不敏感，一些能够反映信用风险的指标没有被有效记录和纳入信用评价模型。总体来说，传统征信征集的数据未能全面和准确刻画个体和不同类别群体的信用风险，一方面导致各种违约活动和失信行为外部约束力不足，增加了整个金融系统的风险敞口；另一方面，一些弱势群体因为没有征信信息记录而无法获得金融服务，金融服务缺位又导致央行征信中心个人信用信息记录的缺失，形成一种在个人征信与金融服务过程中封闭性的负反馈状态，这种负反馈造成享受金融服务中的两极分化，制约了经济与金融的发展。一部分群体可持续获得金融授信，另一部分群体无法获得金融服务的现实如果不加以改善，将有可能继续加剧贫富差距，造成金融在配置资源中的效率低下、普惠性不足。

近年来，为了完善国家征信体系建设，个人电费缴纳数据、电信欠费不良记录、个人住房公积金数据也被采集入央行征信中心信用信息数据库。作为金融体系的基础设施，征信业务的存在是国家金融发展的必然选择，也是促进市场经济平稳有序发展的重要条件。征信数据类型的多样化，信息来源的多元化，有助于全方位对被征信人的信用风险进行量化和控制，对优化征信业务和提高征信对金融发展的支撑具有重要作用。然而，当前世界经济形势的不确定性加大，相对于现实中经济活动与人的行为的复杂性，现有征信业务所采集数据的维度和丰富性还是较低，没有有效提高弱势群体获得金融服务的机会，对推动普惠金融的作用仍然十分有限。另外，随着网络经济的发展，大量商品交易和金融业务在网络上开展，现有征信体系对网络经济的覆盖范围和支持力度严重不足，与信用相关的网络交易未能得到征信机构的足够重视，一些有价值的网络交易信息没有被采集入征信信用信息数据库，导致网络经济中违约行为和信用风险不断增大。所以，个人征信采集的数据必须进一步得到丰富。

云计算和大数据的发展为提高征信数据类型多样性、数据来源多元化提供了技术基础。云计算使用大量计算机对计算任务进行分担处理，容错率较高，大大提高了信息处理效率，同时，云计算也具有分布式特点，能够保证多节点数据备份的一致性。大数据具有四种基本特性：一是数据体量大（Volume），信用个体在互联网上活动将留下大量数据痕迹，利用大数据采集技术可以将大量数据从互联网页面上加以收集；二是数据多样性（Variety），用户在购物网站上的消费数据、社交网络信息、线上投资和网络借贷等金融交易信息的收集将增加征信信息的多样性；三是高速性（Velocity），通过大数据运算软件可以高效率地处理大规模数据，传统征信信息大部分是历史记录，很难对被征信人未来履约能力进行预测，大数据将不断收集和更新交易记录，不仅可以处理结构化数据，也可以处理非结构化数据，使征信机构和金融机构能够实时了解被征信人的当前状态，金融机构的信用风险控制将更具灵敏性；四是价值性（Value），各种商业活动产生的大规模信息经过大数据处理有可能得到用传统信息处理方式无法得到的结果，可用于发现和概括不同信用风险群体的群体特征。区块链技术在信息计算和分析方面几乎没有任何优势，这决定了区块链技术必须和大数据、云计算相互配合才能更高效地采集、整理和分析信息，提高征信效率和信用评价的准确性。

8.1.2　征信数据处理与数据认证

1. 现有征信数据处理的缺陷

在传统征信中，个人、金融机构或其他部门提供的原始数据无论是通过一般方法征集还是利用大数据技术进行采集，都不能直接作为信用量化指标进行使用。原始数据存在信息真实性和完整性问题，征信机构征集的数据只有经过一系列技术处理之后才具有参考价值。在数据处理方面，征信机构进行两种操作：一是将个人相关数据在各部门和各领域的分散数据加以甄别和整合，形成标准的数据表并进行存储；二是利用各种数据库技术对大量庞杂的原始数据进行深加工，形成多个特征变量再加以计量和分析。

信息是个体信用情况的表征，虚假信息会导致虚高信用。过去由于缺少互联网技术限制了信息交流和数据产生，数据量的不足导致信息不对称。在互联网时代，个体通过网络活动产生的数据量呈指数级增长，信息不对称问题得到有效缓解，但大量数据信息如何有效鉴别真伪成为进一步解决信息不对称的首要难题。互联网使真实数据能够无障碍流动，也让虚假信息得以泛滥，相比信息匮乏，虚假信息泛滥引发的信息不对称和金融风险更大。信息匮乏的环境中，征信系统中没有个体相关信用信息，金融机构考虑到没有足够信息证明个体信用水平和违约风险，从而不愿与个体发生金融交易，信息匮乏从一定程度上降低了金融机构面临的违约风险；而不能被有效识别和过滤的虚假信息进入征信系统后将产生虚高的信用报告，互联网、征信系统和金融系统衔接性越好、信息传递越有效，这种虚高信用造成的后果就越严重。即使虚假信息和虚高信用被金融机构识别，由于金融监管不全面，金融机构内部治理机制不完善，组织内部成员自律性不强，机构或金融从业者有可能为虚高信用个体提供过度的金融服务，以违规操作的方式加剧信用风险。征信机构和金融机构对存有质量问题的信息识别不充分是虚高信用产生的根本原因，互联网等信息技术对虚假信息清洗和过滤的不足将成为帮助虚高信用在实际金融交易中获得流通的工具。

2. 区块链数据认证系统

区块链数据认证系统是利用区块链技术对深加工后的被征信人信用数据进行在线认证，以确保信息真实性、完整性和安全性。个人将相关信用信息提交到数据认证系统后，如果得到系统确认将获得全网唯一的数据凭证，记录着数据的所有者和发布数据认证的机构。区块链上记录的是得到多方共识的信息，数据处理过程中可以降低验证信息真实性所付出的成本，从而提高征信中数据处理的效率。数据认证不仅是征信的必要环节，也发生在日常经济活动中。线上的商品交易和金融交易都将通过区块链技术分布式验证交易的真实性，在确保数据验证各方的独立性和匿名性的同时能够即时将交易数据存储在区块链中。线下交易可以通过数据录入保存在分布式账本中，为征信征集信用信息提供有效的数据，从线下到线上因有意或无意的操作失误有可能导致信息的遗漏和扭曲，所以区块链认证并非能够保证数据表达的信息绝对真实。区块链技术虽然不能保证全部信息绝对真实，但通过区块链技术对信用信息进行认证能够有效降低网络世界中大量信息噪音。构建区块链信息认证系统对提高信用信息质量、优化征信结果和提高风险控制能力具有重要作用和重大意义。

首先，区块链数据认证将有效过滤虚假信息，缓解基本信息的不对称问题。区块链数据认证系统是一个开放式系统，试图以伪造个人基本信息和资产所有权的方式增加个人资产和提高信用水平在区块链认证系统中将无法通过审核。其次，征信系统记录的信用信息真实性和丰富度增加将提高信用评价准确性。信息真实性和丰富度历来存在矛盾关系，想要提高信息质量就必须对原始数据进行加工和过滤，如果看重信息丰富度又难以避免信息失真问题，两种情况都对最终个人信用水平评价的准确性产生不利影响。通过信息认证的技术和方式将能够在保证信息质量的前提下，最大限度地提高信息丰富度，从多维角度评价目标对象信用水平，实现信用信息真实性和丰富度两者兼得，进而提高信用评价准确性。最后，金融机构综合征信信用报告和其他信息进行风险定价，对不同信用类别的群体提供更完善的风险管理方案，此次提供的金融服务和后期受信者的表现也将被区块链信息认证系统记录，并重新获得信用评价，形成信用信息与信用水平的持续更新和实时监测。

8.1.3 征信数据确权与资产数字化

1. 数据确权

在信息时代，数据越来越成为一种无形的有价资产。区块链数据认证系统除了能够验证和保证数据真实性外，它的另一重要功能是帮助确立数据这种虚拟资产的所有权、使用权以及收益权。美国在 2013 年发布了《政府信息公开和机器可读行政命令》（下称《行政命令》），正式确立开放政府数据的方案，让社会各界能够获得和利用公共数据创造价值。《行政命令》指出政府希望借助数据开放战略让企业家和研究人员开发新的产品和服务，促进创造更多就业机会和推动经济增长。美国的数据开放运动引起各界的广泛共鸣。如，欧盟颁布了《公共部门信息再利用》和《数据驱动经济战略》，日本颁布了《日本再兴战略》，澳大利亚发布了《公共服务大数据战略》，八国集团签署了《开放数据宪章》，各国旨在利用挖掘数据价值制定更好的公共政策。截至 2014 年 4 月，全球已有 63 个国家制订了数据开放计划（张茉楠，2015）。在此基础上，英国提出了"数据权"的概念（孔德超，2016），即如果无法确定数据产权归属，也就无法进行合法交易，数据的潜在价值也就无法开发。中国近期也正在探索如何确立数据资产产权的技术可行性。2016

年 9 月，贵阳大数据交易所推出了《数据确权暂行管理办法》，通过对数据所有权进行登记实现数据资产自由交易，深化数据变现的能力。

2. 数字资产

网络经济正在全世界范围内快速发展，我们既可以在互联网上购买软件、音乐、视频、图片、文档、游戏及虚拟装备、服务等，也可以设计和销售这些数字化的产品。我们购买这些数字产品，是为了满足某种需求而和产品供给方进行交易，网络支付、移动支付等金融基础设施的完善保证了交易在可信框架下进行，产品供给方最终将使数字产品价值得到实现和获得收益。个体以产品开发、设计、购买方式获取一项数字产品的全部或部分产权，数字产品本质上就成为其数字资产，具有市场需求的数字资产能够在网络平台上进行市场交易并产生财富。通过优化数字产品质量，提供后续维护和保障服务，通过增强产品的不可替代性、便捷性以及功能性等方式可以使产品具有更高价值，随着价值升高，数字产品所有者将拥有更多资产总额和更高的建立在可自由交易数字资产之上的信用。目前已经有大量个人资产是通过利用信息技术生产的数字化资产，但网络世界中数字资产存在一个严重问题，即数字资产本质上仍然是数字信息，大量数字资产因为可轻易被复制而难以维护产权和所有者利益。比特币的实践证明，区块链技术可以高效解决信息复制和侵权问题。

利用区块链数字认证对数字资产进行所有权确认后，如同传统征信将个人名下的房产等固定资产作为信用水平的一项说明指标，区块链征信系统可以把数字资产信息采集到分布式数据库中，丰富个体信用信息，融资需求方可通过出示数字资产信息向金融机构提出相关服务的申请。签订金融交易条约时可规定违约风险和数字资产所有权变动的条件，实现数字资产抵押贷款制度，一旦负债方出现违约，债权方将有对其数字资产的自由处置权或某种程度的收益权以抵抗风险损失。金融机构利用数字资产来对数字资产拥有者进行信用评价的重点在于能够准确计算数字资产的价值，现代金融体系中资产评价理论和实践已经较为成熟，数字资产不过是增加了一种新的资产而已。强调点对点模式的互联网金融平台以及其他去中介化的金融服务平台，利用包括数字资产在内的信用信息对借款者进行综合信用评价，将使金融服务覆盖更多群体。广泛程度上发生市场交易和产生价值的数字资产在征信系统中形成信用信息记录是个人潜在信用水平的更准确识别，同时，将数字资产信息归入个人资产和信用资产将刺激数字产品的市场竞争，产品质量提升和产品多样化、个性化将进一步促进网络经济的发展。

3. 资产数字化

现实世界中大部分资产并非一开始就以数字形式体现，一部分是以股权、债权、基金、货币等信用合约形式存在，更大部分是处于私人的物理的存在状态，如土地、房屋、机器设备、工具等。资产数字化目前没有明确定义，一般意义上是指利用信息技术将现实世界中的资产用数字产品、数字合约形式进行表达，数字产品、数字合约的任何交易都被视为现实世界交易的发生，并伴随着资产所有权或使用权的转移。对信用合约资产来说，市场交易的普遍性和流动性强的特点决定了信用合约资产在信息技术的发展中已经在很大程度上实现了数字化，并兼具更高的流动性；物理资产因流动性较差、交易和转让频率较低等问题，数字化进程极为缓慢。

区块链技术通过资产数字化使物理资产的信用功能得以发挥，同时给物理资产提供更高的流动性。将物理资产的属性、类型、特点和价值等信息通过合理判断储存在分布式区块链中将实现资产数字化。资产数字化有利于提升资产流动性和促进价值实现，人们在存有资产数据的链上能够轻易搜索到自己需要的资产，这类似跳蚤市场，资产数据链上的交易可以实现资产买卖交易和使用权的租赁，流动性和价值实现能力增强为资产所有者带来更多信用优势。但在区块链上，情况又与跳蚤市场有所不同，任何资产数据都是分布式地存储在全部参与节点中，个体当前的资产状况、租赁信息、是否对他人资产有不当使用等记录也将存入节点中，最终使表现个体信用水平的信息进一步扩展。存储在区块链上的资产以及资产交易数据既能作为个体信用信息，也可以构建数字合约使资产成为抵押品来防范违约风险。

　　区块链联系现实世界有两种方式：一是链上数字资产联系链下的商品交易。比特币是区块链上应用范围较广的数字资产和信用形式，比特币系统的正常运行使链下商品交易能够依附比特币，发挥比特币交易媒介作用。价值尺度和流通手段的统一是货币，比特币不仅有货币的核心职能，还具有无限分割、数量有限、不受中央机构控制等特点，弥补了传统货币的缺陷，比特币构架于区块链之上，它的流动性、可靠性也是链下商品交易选择使用比特币支付、转账的原因。二是链下资产以数字化方式联系链上。资产数字化不一定要交易，其主要的功能在于优化产权表现形式，促进产权制度发挥其赋予私人资产的排他性。资产是个人全部财富的重要组成部分，具有商业和交换价值的资产总量能够在一定程度上衡量个体的还款能力。"埋在地下"的个人可交易资产虽然在需要时可以变现，但如果银行、证券公司、保险公司、资产管理机构和其他权威机构没有对这种资产的认可，其将不能作为资产信息表现个人信用。当资产从链下转移至链上，"埋在地下"的资产转化为以数字形式存在、曝光和传播，私有资产将得到最广泛的认可和获得外界对个人信用水平更高程度的评价，对于从非法或不正当途径获得的资产也因更容易被察觉和发现而使个体信用水平降低。区块链联系现实世界的这两种方式是改变现有金融体系和信用体系的根本所在，一方面，建立于区块链上的数字资产将降低金融系统运行成本和中心化风险，实现更具普惠性特点的小额金融交易；另一方面，私有资产通过上链实现资产数字化将使个体私有资产更透明，缓解信息不对称问题，能更准确地评价个体信用状况，数字化之后的资产再通过制定合约等方式应用在金融系统将增大个人违约的信用成本，从而使信用风险可控成为可能。

　　在现实世界与网络世界的对接过程中，通过信息技术将现实世界抽象化、数字化并记录在网络上，区块链技术虽然不可能保证全部信息完全真实，但在信息记录、征集、处理等环节能够对虚假信息进行有效识别和过滤，为数字化的资产提供唯一凭证，保证资产所有权。

8.2 区块链征信——信息共享与信息保护

8.2.1 征信信息共享机制

征信的核心作用是建立信用信息共享机制以减少信息不对称来辅助金融机构了解资金需求者还款能力和信用状况。信息共享机制是指信息主体的信息在征信系统内部，以及通过征信系统和信息主体的授权在不同层次、不同部门间的交流与共享。金融机构和征信机构的信息共享有双向性特点，金融机构需在征信系统中查询借款者信用信息，借款者获得信用资金后的履约行为也将由金融机构传送至征信系统，以供未来其他金融机构获得借款者的信用历史记录。在中国，从事信贷业务的金融机构往往是通过耗费大量的成本审查借款人，先是做了征信的内容，然后才是金融业务的开展，这也是金融机构经营成本高和制约普惠金融发展的因素。原因是中国征信体系的信息共享机制发展严重落后于信用经济的增长，既存在信息共享深度的不足，也存在信息共享广度的不足。信息共享深度包括正面信息、负面信息、信息来源、信用记录历史，体现为借款者信息的全面性；信息广度包括信息流通性、信息共享覆盖的范围，体现为金融基础设施的可获得性。历史研究已经证明，信息共享机制有助于解决逆向选择和道德风险问题（Pagano & Jappelli，1997），有助于缩短金融机构处理贷款申请时间，降低金融机构运营成本，提高金融体系效率（Miller，2003）。

区块链分布式存储提供了信息共享的物理基础，分布式程度具有良好的伸缩性，根据不同协议既可以选择完全去中心化，也可以实现部分中心化或完全中心化（见图 8-1）。共享本身有去中心化的特点，但完全去中心化则无法保证数据不被滥用，所以采用部分去中心化，也就是以联盟链为基础建立区块链征信以及共享机制能够在更安全的范围内发挥征信体系的信息共享功能。区块链征信信息共享机制大致需要依据以下四个标准：第一，区块链征信系统需要制定市场进入准则，符合规定的机构才拥有经营或使用征信产品的权限，被赋予权限的机构将进入区块链征信系统并获得区块链征信系统中同样的数据从而可以进行信息共享。第二，征信机构需要收集个体信用信息，存储到自动生成的某一编号的区块链上，然后通过广播技术将信息扩散至全网，所有征信机构和金融机构存储的信息会得到同步更新。第三，金融机构将借款者履约或者违约信息上传到区块链征信系统，需要经过包括借款者在内的大部分节点的核实，只有大多数节点承认信息符合现实才能上传到区块链征信系统进行共享。第四，信息失真主要发生在信息录入系统的过程中，信息主体具有信息异议权，如果信息确实存在失真情况，区块链征信系统需新生成一个新区块以存储正确信息并标明之前的区块已经作废。

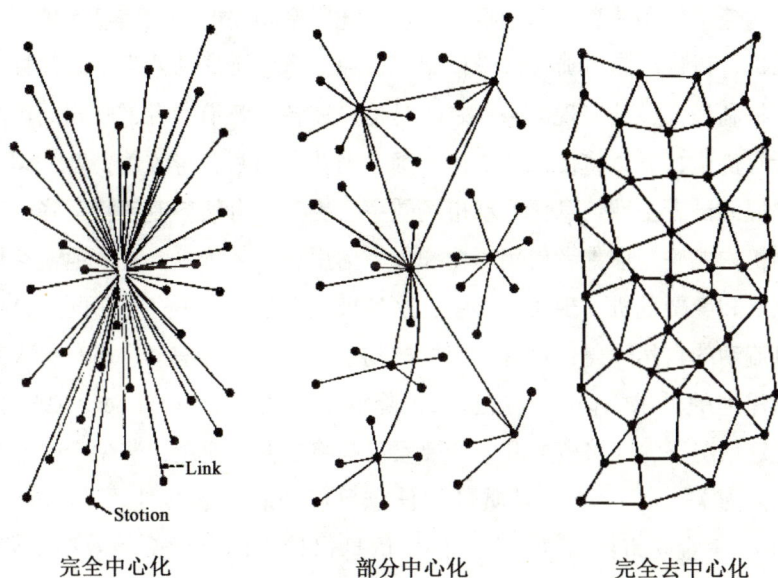

完全中心化　　　　　　部分中心化　　　　　完全去中心化

图 8-1　信息共享的三种网络模式

个体与机构之间、征信机构之间、征信机构与金融机构之间的信息共享对普惠金融发展意义深远，信息共享深度和广度的增加将在更大范围内提高金融可获得性，增强金融对实体经济发展的支持作用，同时信息共享可通过缓解信息不对称问题降低金融体系中的信用风险，使金融风险更加可控，减少过度负债和违约行为的发生。目前区块链征信尚未真正落地，区块链技术也处在初期发展阶段，关于区块链征信的技术研究刚刚展开，腾讯征信、芝麻征信、前海征信、拉卡拉征信等征信机构参与了央行组织的个人征信试点，也正在积极研究和开发区块链征信系统。

8.2.2 个人信用信息保护

1. 信息共享与信息保护的矛盾

个人信用信息收集是征信业赖以开展最为基础的工作，我们已经在上文中介绍了个人信用信息的范畴，创新了信息收集、处理的技术方案，构建了信用信息共享的机制，但与此紧密相关的个人信息保护问题还未进行讨论。新古典经济学框架下，完全竞争市场的效率最高、社会总体福利最大，其实现的条件之一是信息完备。若消费者了解相同产品的所有价格，竞争将使市场价格下降，消费者福利获得改善；若公司能够掌握面试者全部信息，劳动市场效率会提升，自然失业率将下降；若金融机构能确定借款者信用历史和未来信用行为，将更能有效地避免信用风险和金融危机。现实经济中，这种极端场景几乎不存在，既有社会信息流动的自然障碍，也有组织机构刻意营造的信息壁垒，还有个人对信息保护的诉求。但个人信息保护降低了市场效率（Posner，1981），在特定情况下，经济资源和生产要素最终将被低效使用，奖惩变得不公平，因为关于产品或个人质量的信息已经不存在市场上了（Stigler，1980）。就金融市场而言，个人信用信息保护将使金融交易效率下降，不利于一国的金融发展。

信息共享和个人信息保护构成解决金融市场信息不对称问题和发展信息经济理论的一组矛盾，个人和机构也常常面临这组矛盾的权衡与选择。区块链认证扩大信息披露程度优化的是信息不对称，连带的则是潜在隐私泄露风险对经济和社会不可估量的破坏性。Posner 和 Stigler 的研究受限于时代的发展，没有预料到互联网的发展使信息交流获得极大提升，监控设备、智能设备和信息处理程序正在覆盖全球各个角落，每时每刻都发生着数据访问、收集、传送与处理，更未预见到个人隐私被迫暴露在各种网络端口之间，数据贩卖泛滥成灾、电信诈骗肆虐横行，给社会带来沉重灾难，数据贩卖的隐蔽性、快速性使个人隐私保护的相关法律发挥的作用非常有限。中国人民银行副行长陈雨露认为，加强个人信息保护是依法维护公众切身利益的迫切需要，是促进数字经济创新发展的迫切需要，是积极应对公众信息泄露事件多发的迫切需要，并指出征信机构应防止个人信息被过度采集、不当加工和非法使用，防范对个人隐私和商业秘密的侵害，切实维护信息主题合法权益①。

条件约束、利益不一致经常使信息共享和信息保护得不到均衡调节，技术进步是解决关键矛盾推动社会不断向前发展的不竭动力，兼具共享性和安全性的区块链技术正是构建新的征信体系最令人兴奋的因素之一。

2. 区块链对个人信息的保护

信息技术的发展已经推动数据量呈指数级增长，目前全球 90% 的数据都是过去短短几年中形成的。在大数据时代，企业和机构依靠收集数据生产个性化产品与服务，优化企业决策，预测未来市场趋势等，数据被极大化收集、分析为创新和经济发展提供了动力。征信机构或金融组织以数据为基础来评价个人信用是必要而且唯一的选择，不可能使用除信息以外其他个人的属性作为评价依据。征信本身就包含着信息共享与信息保护的双重责任，但其发展又受到这两者的矛盾不可调和性的制约，密码算法和区块链的结合将有可能缓和信息共享与信息保护的矛盾。在传统征信过程中，信息数据输入、核查、分析、使用等阶段都要求信息是可见的，只有信息可见才能被一一计算分析并实现共享，网站账户登录的密码、解锁应用的密钥等任何不可见信息就难以共享和分析。现在，我们换个角度来思考，既然账户密码可以通过不可见的手段加以保护，其他信息当然也可以加密，而且加密方式不止一种，接下来

---

① http：//www.pbc.gov.cn/goutongjiaoliu/113456/113469/3296799/index.html.

要解决的就是这种加密的信息能否在不解密的条件下进行计算并得出与非加密状态相同的结果。问题也就转变为，如何在拥有用户信息又看不到用户明文信息的情况下，对用户信用状况做出准确判断。零知识证明（Zero-Knowledge Proofs，ZKPs）和同态加密（Homomorphic Encryption）系统将为加密状态信息计算提供解决途径。

（1）零知识证明

1985年，Shafi Goldwasser 等①三位计算机科学家首次提出零知识证明。零知识证明是一种基于密码技术的交互式证明系统，示证者P向验证者V表明他拥有某种信息但却不披露任何信息证明他的论断，因此验证者得不到任何可以重复使用的隐私信息。零知识证明技术具有广泛用途，也能够应用于保护加密数字货币和区块链中交易信息和隐私信息，著名数字货币 Zcash 的底层技术就是使用零知识证明技术验证数字货币的产生和转账。

在信息技术领域，有两个解释零知识证明机制的例证。示证者P知道肯德基的秘密配方，他告诉验证者V："我知道肯德基的秘密配方。"验证者V说："不可能，那是绝密信息，除非你证明你知道。"然后示证者P就将秘密配方告诉了V，但这样验证者V也就知道了同样的秘密，他未来可以用任何方式利用这项秘密，即使V当时明确保证不会泄露此秘密。在非零知识证明情形中，信息安全性很难得到保证。采用零知识证明机制，V向P提出一系列相关问题，如果P能够回答正确，V将确信P拥有秘密信息但自己并不知道具体信息。另外一个解释零知识证明思想的是洞穴模型（见图8-2）。在一个只有一个出口的环形洞穴中，B拥有打开C和D之间大门的密钥。为证明给A他确实拥有密钥，B将从左侧进入洞穴，从右侧走出洞穴。只要A看到B能够左进右出，就能确定B确实拥有打开C和D之间大门的密钥，在整个过程中A却得不到任何关于密钥的信息。

（2）同态加密

---

① Shafi Goldwasser 和 Silvio Micali 在2012年获得图灵奖，两人在网络安全和在线交易安全方面有开拓性成果，被公认为现代密码学理论奠基者。

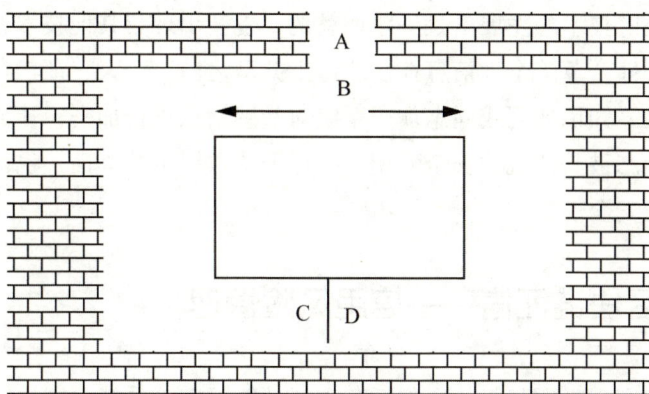

图 8-2 洞穴模型

同态加密是指对经过加密的数据进行处理得到一个输出，将这一输出进行解密，其结果与利用同一方法处理未加密的原始数据得到的输出结果完全相同。同态加密可对加密数据进行四则运算、数据匹配以及更加复杂的数学计算。假设有一段信息需要进行加密分析，记加密操作为 E，明文为 m，加密得 e，即 $e = E(m)$。已知针对明文有算法函数 f，针对 E 可构造函数 F，使得 $F(e) = E(f(m))$，这样 E 就是一个针对 f 的同态加密算法。当 f 是个很复杂的函数时，利用同态加密可以把加密得到的 e 交给第三方，第三方进行操作 F，我们拿回 $F(e)$ 后，解密就得到了 $f(m)$。虽然第三方拥有全部数据，经历了存储和计算，但

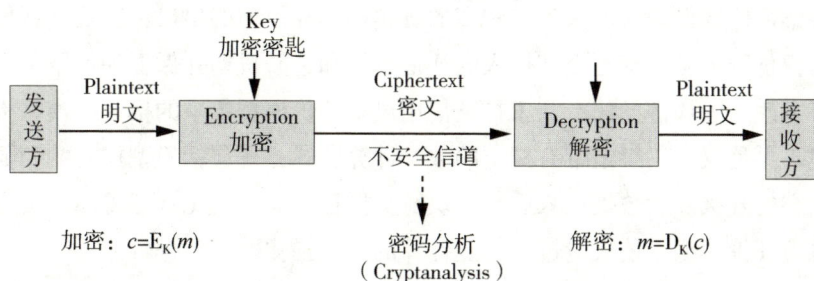

图 8-3 同态加密计算过程

始终对 m 的详细信息一无所知。

区块链技术的发展不是一蹴而就的，也会出现与其他技术相结合产生的创新性变革。个人信息在区块链上共享之前，个人、征信机构可以选择嵌入零知识证明或同态加密系统对敏感信息进行加密，让数据可以在加密状态被其他机构安全使用，既保证了数据可共享性，也保障了个人信息的安全性。

8.3　区块链征信——信用风险管理

功能实现必须基于一个包括各项子功能的完善系统，区块链仅是区块链征信的核心技术，不是技术的全部，也不可能替代法律制定和制度建设。区块链虽然通过共享信息来降低信用风险，但本身没有衡量信用风险的能力，构建完备功能的区块链征信必须从系统科学的视角出发，与其他配套技术结合嵌入征信系统。

利用大数据创新个人信用风险评价模型，构建不同的算法模型，大数据具有高效运行风险模型的优势，但不能保证数据质量，区块链数据认证可用于筛选高质量信用数据，却不能对模型建立的海量数据进行处理。大数据技术提升了数据收集、数据清洗以及数据处理方面的效率，同时带来了个人信用信息泄露的风险，区块链技术信息处理速度较慢，但能够通过加密技术保护个人信用信息。大数据技术与区块链技术结合将有效补充对方的不足，区块链征信可利用大数据技术来创新信用风险评价模型。区块链征信是改善风险评价模型的基础，在模型的入口，区块链征信确保输入的信息有较高的真实性，在模型的出口，区块链征信将评价结果可共享到全部接入的征信机构和金融机构并保证评价结果不可篡改。区块链征信有利于打破信用风险评价模型单一的格局，模型构建不再是仅有一组组带有权重的数学计算公式，还包括模型接入端和输出端的升级。大数据加入后，区块链上保存的非结构化数据可加入信用风险评价模型，使大量过去不能计算的非结构化数据发挥价值。

金融机构在传统信用风险管理体系下很难对高风险客户再进一步区分风险大小，若是花费大量资源在风险评价上通常不能收回成本，平衡成本与收益的矛盾要求金融服务只能覆盖较小的群体范围。金融机构接入区块链征信系统将节省部分风险管理成本。金融机构可进入区块链征信系统查询客户经过认证的信用信息，不需要到法院、政府、事业机构、电信部门和其他部门重复搜索收集用户信息，对一些无法量化价值的无形资产、数字资产也能得到征信报告的详细说明。在区块链征信系统的支持下，网络借贷、股权众筹等新金融业态中的金融交易将更加透明。投资者可以看到平台出示的更加准确的信用评级结果，从而避免因信用风险评价模型和数据失真问题引起的信用风险和资金损失。现实中，大量互联网金融平台通过虚标、伪标吸收大众投资，而接入区块链征信系统的平台将不可能凭空为某个人建立标的，因为任一标的所有者将在区块链征信系统上可查并分布式地存储到其他金融机构中，任何伪造标的和客户信息的行为将不被系统接受。区块链征信系统将记录和共享金融机构的每一笔交易，如果某一账户出现异常交易将向全网进行风险提示，使金融机构和监管机构对非法集资、洗黑钱等行为的探测具有更高的灵敏度。

8.4 区块链征信系统

图 8-4 为基于区块链技术的征信系统。首先，个体在经济金融活动中将产生信用数据，区块链认证系统对个人身份信息和信用信息进行识别、检验和多方认证，剔除传统征信信息过程中大量的垃圾数据，对碎片化的数据进行整合和标准化处理。其次，认证后的数据经过加密处理存储到加入联盟链中征信机构的信用信息数据库，实现数据加密和分布式存储。再次，有征信需求的金融机构在个人知情和授权的前提下，向征信系统申请提取经济个体的信用信息，在此基础上构建高效的信用风险评价模型，以最大化降低信息不对称和信用风险。最后，个人在金融机构中的任何一笔信用交易将上传至区块链征信系统，同时可被其他有权限的金融机构查验，防止借款者因过度借贷而无法负担沉重的债务。

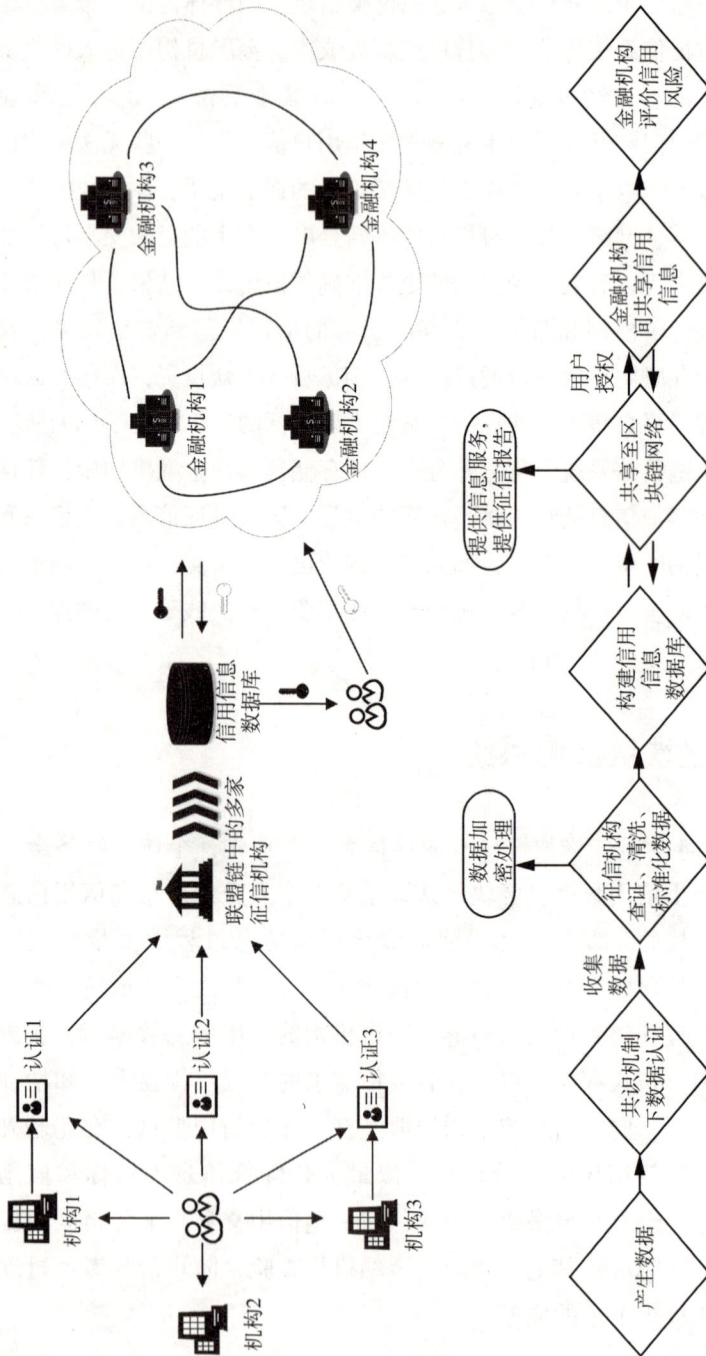

图8-4 区块链征信系统

8.5 区块链征信涉及的重要问题

8.5.1 区块链技术在征信中应用的问题

1. 区块链标准不统一

技术标准是一个行业健康发展的基础，区块链作为一项新兴技术，其发展前景得到了普遍认可，但目前在金融和征信领域尚未形成一个统一的技术标准。2016 年底，高盛集团作为 R3 区块链联盟创始成员之一退出了该联盟，原因是对原体系的区块链技术标准等存在疑义，并自行开发了一套新的区块链技术体系。总体来看，作为创新科技，区块链行业的现有进入者规模不一、目的不一。除个别较有实力的大型企业研发团队，更多的是通过渲染项目前景进行众筹或获得投资，还有一些是将区块链征信平台建设与数字货币发行绑定，并通过 ICO（Initial Coin Offering，初始数字货币发行）进行融资。但 ICO 募资存在较大风险，导致目前应用项目众多，充斥炒作概念，但真正得到社会认可的项目并不多见，监管部门目前也不允许通过 ICO 进行融资。开展区块链征信平台建设亟待建立相关技术规则和标准。

2. 信息主体权益保护仍存在问题

大数据征信发展中的最大问题是对信息主体权益保护问题没有妥善的解决方案，导致该行业游走在法律和规则的边缘，对行业的整体发展带来负面影响。区块链征信虽然在技术层面对信息主体的隐私保护有相关要求，但在一些与信息主体权益保护征信普遍规则方面还存在一些相冲突的地方，如不良信息的保存期限问题、信息的不可篡改性、信息主体异议与投诉的实现、信息主体密钥遗失后的无法恢复等，需要从技术层面加以研究，以确保不与国家法律法规相冲突及确保信息主体权益得到有效保护。

3. 征信机构的发展面临挑战

通过区块链平台确认的信息能够得到社会的认可，这是由区块链的技术特点所决定的，但在发展初期，征信机构仅仅依靠区块链平台获取信息是远远不够的，且这些信息还需要信息主体的授权才能获得，一方面征信机构需要通过竞争以在平台上获取尽可能多的授权，另一方面还要通过平台的线下方式从其他渠道获取更加全面的信息，如此才能给信息使用方提供更加有效、更加完整的信息参考。目前已经建设的区块链征信平台其征信机构的参与度并不高，比如以建设信息主体黑名单、白名单系统为主要目标的区块链征信平台。在当前征信机构特别是企业征信机构业务同质化非常严重的情况下，新的技术方式的应用对传统征信机构的发展提出了严峻挑战。

4. 监管障碍和安全风险进一步凸显

无监管不成方圆。去中心化的运作机制一定程度上削弱了监管部门对业务的控制，技术的进步使得业务操作隐藏在黑箱之下，监管部门难以使用传统方式对相关业务进行全方位的监管。同时，系统运行也蕴含着一定的安全风险，虽然区块链的底层技术大大提升了安全等级，但并不表示不会受到黑客的攻击。2016年6月，曾经创造了全球最高众筹纪录的项目 The DAO 由于其智能合约系统中存在漏洞而受到黑客攻击，导致价值达6000万美元的360多万个以太币被劫持。征信信息大量集中在一个去中心化的系统中，一旦受到攻击，对国家金融安全会造成很大的不利影响。另外，从小的层面来看，用户密码丢失或是被盗取，其相关的权益也很难得到相应的保护。

8.5.2 区块链征信影响征信体制

中国公共征信占主导地位，市场征信尚未形成能有效补充公共征信漏损群体的规模，企业征信发展相对成熟，个人征信业务有待改善，征信技术水平亟待升级，机构运营成本居高不下，面向高信用群体的征信有一定的经验，面向低信用群体的征信有效性不足，导致中国金融规模虽然增长迅速，但普惠金融供给缺口日益增大。

中国人民银行征信管理局曾明确指出，民营征信机构必须在机构独立性、个人信用信息安全性、征信报告应用规范性、信用评价指标合理性达到监管标准后才能被允许开展征信业务。然而，腾讯征信、芝麻信用、前海征信、拉卡拉征信、中智诚征信、中诚信征信、鹏元征信和华道征信等八家民营企业自参与央行组织的个人征信试点后却没有一家能够达到监管标准。第一，民营征信试点机构无法满足机构独立的要求。机构独立性是国际公认的征信准则，有两个方面的要求：一方面是指信息采集机构和信息生产者没有任何关系，征信机构是独立的第三方，不会在业务执行中与交易双方产生利益冲突，与交易双方都没有利益关系，业务范围与交易双方存在异质性。另一方面是指，征信机构股权较为分散，没有任何大股东能单独对企业经营、人事安排、财务核算等方面进行操纵或控制。腾讯征信等八家企业或参与金融相关业务，或面临着股权集中较高的问题。第二，个人信用信息安全性未达到标准。建立在传统数据库技术的信息存储和网络传输系统存在信息被盗用的风险，通过网络攻击和发送恶意链接等方式偷盗腾讯账户、淘宝账户的事件频繁发生，一些重要的个人隐私被不法分子获取后进行非法利用或向黑市销售，导致个人财产及生命安全受到严重威胁，同时大数据的发展又加剧了这种威胁。第三，征信报告的使用不规范。《征信业管理条例》规定，征信报告以及从征信机构获得的信用信息只能应用于信贷等金融业务，和得到监管部门授权的相关业务。征信机构与监管机构之间存在信息不对称，民营征信开放后，征信监管将面临较大的不确定性，征信报告很有可能被应用到其他领域，扰乱征信业的秩序，脱离了征信的本质和核心功能，对经济运行产生严重干扰。第四，信用评价指标不合理。大数据征信在业内呼声很高，但通过大数据分析相关性不强的指标之间的关联度是否作为评价个人信用水平的参考仍然需要进一步研究，将网络购物习惯、网络活动产生的数据作为信用信息的反映项目前并没有理论根据，也难以刻画动态变化的个人信用。

区块链征信系统有良好的信用信息保护性能，分布式网络及加密技术既可抗拒大规模网络攻击，也能承受高强度的物理攻击。区块链征信系统形成后，征信机构、各征信使用者处于同一对等网络下，监管机构可通过查询征信使用者经营领域和从事业务对征信产品使用规范性进行监督。分布式存储系统是所有接入机构都共享同一信用信息数据库，区块内容生成后能排除相关性不强的冗余数据，做到每个区块上都是高质量的信用信息。区块链征信可解决民营征信业推进过程中面临的多方面困境，补充公共征信的不足，扩大中国征信体系覆盖的范围。

8.5.3 区块链征信存在技术陷阱

《征信管理条例》第十六条规定："征信机构对个人不良信息的保存期限，自不良行为或者事件终止之日起为5年；超过5年的，应当予以删除。"区块链的特点之一就是不可更改的时间数据链，即使一个节点删除数据，其他节点将在系统内拒绝承认删除操作的合法性。维克托·迈尔-舍恩伯格（Viktor Mayer-Schönberger）在其著作《删除》一书中提到："对于人类而言，遗忘一直是常态，而记忆才是例外。然而，由于数字技术与全球网络的发展，这种平衡已经被打破。如今，往事正像刺青一样刻在我们的数字皮肤上，遗忘已经变成了例外，而记忆却成了常态……"以区块链技术为核心构建的征信系统正是一个可永久记录一切录入信息的数据网络，这将导致用户信息"被遗忘"的权利被侵害。

《征信机构管理办法》第三十条规定："征信机构应当按照国家信息安全保护等级测评标准，对信用信息系统的安全情况进行测评。征信机构信用信息系统安全保护等级为二级的，应当每两年进行测评；信用信息系统安全保护等级为三级以及以上的，应当每年进行测评。"公有链的技术架构并不能满足国家征信，征信系统不可能对所有人开放，公有链容错性能较高实际上会允许多个错误节点，甚至恶意节点存在，即使接触这些未清理的失效节点也有可能造成严重后果，所以区块链征信应选用联盟链构建。

区块链征信也存在未知风险。纵观历史，技术等级越高的系统，当受到无法抗拒的严重攻击时产生的打击也越大，甚至是毁灭性打击。任何网络系统都是人构建的，人类天生具有缺陷，所构建的网络系统也不存在绝对的安全，虽然目前区块链技术安全性非常高，但随着技术的发展，未来是否有能够破解区块链加密机制的技术具有很大的不确定性。第二种风险来自使用者和监管，如何确保区块链征信产品被用于发展普惠金融需要监管的指引和规范，对于一向带有滞后性质的监管系统，在系统建立运行初期是难以遏制征信产品不被滥用的违规风险。另一种风险来自系统自身,区块链征信系统内包含所有人重要信息,智能化的网络有可能取得区块链征信的权限,从而引发意想不到的风险,让我们失去控制系统的能力。

第9章 研究结论

　　征信体系作为现代金融系统的基石，既承担着稳定金融市场的风险屏障职责，也是推动金融发展和经济增长的基本力量。本书在普惠金融理念下，梳理了公共征信体系发展的进程和运行现状，测算了互联网金融自行组织的征信在实践普惠金融中的有效性，勾勒出发展普惠金融究竟需要现有征信体系在哪些方面做出创新和改变。基于区块链技术在金融业中的应用案例和内在规律，分析了区块链技术在构建征信系统中能够实现的功能，并构建了以普惠金融为导向的区块链征信系统，并提出了以下结论：

　　1. 现有征信体系发展不能满足服务普惠金融体系的需要

　　中国现代征信体系经过 30 多年的建设虽然已经形成一定的规模，但和国内大量信息共享和信用评价的需求相比，征信业还有很大发展空间。截至 2016 年，央行征信中心系统收录的近 9 亿自然人中有 65.6%的自然人没有从金融机构获得信贷服务的记录，而信用记录是金融机构在审核借款者信用时的重要指标，由于征信中心收集的信用信息有限，金融机构无法获取信用记录将不能准确评价借款者信用风险。普惠金融的本质仍为金融，核心仍为信用，不能有效评价信用的金融体系必将面临风险或因规避风险导致金融体系包容性不足。2015 年，央行印发《关于做好个人征信业务准备工作的通知》标志着我国开始推动征信市场化发展，正式为民营征信机构提供试点机会。民营征信机构普遍存在机构独立性差、合规风险高等问题，至今未能有一家机构获得征信牌照。在我国普惠金融巨大需求的影响下，以信息技术为核心的新金融组织快速发展，征信得到前所未有的重视。新金融组织既得不到公共征信的支持，也没有民营征信产品可利用，只能分别在内部对金融需求端一一进行类似征信的信息收集、信息审核、信息处理和信用评价。实证研究表明，自发征信可操作性过高，新金融组织常常无法核实用户信息真伪程度，而用户也面临比以往更大的隐私泄露风险，同时，新金融组织平台众多，信息沟通和共享程度低，造成千千万万个信用信息孤岛割裂地存在于我国金融系统中。

2. 区块链技术在征信及其他金融领域的应用体现了数字普惠金融的潜力

在国际支付结算中，区块链技术将资金汇兑时间从一周左右缩短至数分钟，甚至数秒，资金无效占用问题得以解决。分布式账本技术使支付过程经过的审核环节、系统连接环节大幅减少，一些小额汇款因金融基础设施成本下降得到发展。区块链技术在数字票据、证券发行与交易的应用中也充分发挥了分布式账本、共识机制和加密技术的优势与特点，提高了金融交易效率，降低了交易风险与成本。区块链技术将通过分布式账本、共识机制和加密技术围绕着征信体系进行创新。区块链在营造比特币发行、转账中改变了传统货币信用模式。征信中涉及的信用与货币信用不同，也异于经济信用，其本质是反映信用主体还款能力的高低程度，实现方式是通过信用信息征集、信用信息审核、信用评价得以排序和比较，核心作用是通过信用信息共享降低信息不对称从而为经济信用活动提供支持。区块链的核心技术恰好在征信的实现过程中具有可行性，区块链的本质与征信的核心作用不谋而合。本书认为，区块链技术将主导征信信息系统中信息存储层、信息核实层、信息传播层和信息保护层，发挥信息存储、信息认证、信息共享和信息保护的功能。

3. 构建区块链征信系统将改善现有征信体系服务普惠金融的效率

第一，优化征信信息质量。根据共识机制，可构建区块链数据认证系统，信息得到多个部门的认同才能被录入征信系统。试图以伪造个人基本信息和资产所有权的方式增加个人资产和提高信用水平在区块链认证系统中将无法通过审核。第二，丰富征信信息维度。征信系统记录的信用信息真实性和丰富度增加将提高信用评价的准确性。通过信息认证的技术和方式将能够在保证信息质量的前提下，有助于提高信息丰富度，从多维角度评价目标对象信用水平，数据确权与资产数字化进一步将过去沉睡的资产转化为可计算的信用信息指标。第三，实现信用信息共享。征信的核心作用是建立信用信息共享机制以减少信息不对称来辅助金融机构了解资金需求者信用状况。区块链征信将收录的信用信息存储到区块上，并向全网发送广播，实现信息共享。个体与机构之间、征信机构之间、征信机构与金融机构之间的信息共享对普惠金融发展意义深远，信息共享深度和广度的增加将在更大范围内提高金融可获得性，减少过度负债、降低信用风险。第四，提高系统信息保护能力。信息共享和个人信息保护构成解决金融市场信息不对称问题和发展信息经济理论的一组矛盾，个人和机构也常常面临这组矛盾的权衡与选择，信息保护能力不到位也是民营征信机构风险高的重要因素。以零知识证明、同态加密系统为代表的加密技术将为信用信息保护提供解决途径，缓解信息共享与保护的矛盾。第五，改善传统信用风险管理。一方面，信用信息质量、信息维度都得到优化后，结合大数据技术可对信用风险模型进行升级调整，另一方面，征信的一体化有助于金融机构节省大量风险管理费用，从而降低整个金融体系的运行成本。

4. 区块链征信将以更加便捷和安全的金融服务推动普惠金融的发展进程

区块链征信将通过更加准确地评价用户信用水平，更加有效地防范信用风险，提供低成本的交易方式，力促普惠金融的发展。信息技术从来都是具有两面性，如何防止高新技术被用于非法活动进行监管套利需提前部署应急预案，加强区块链技术应用的研究和监督。比特币系统是建立在完全去中心化的公有链上，从建立之初，任何人都无法更改系统运行方式和财富分配规则，可以说人类实际上已经失去了对比特币系统的控制权，滋生了大量毒品交易、枪支交易、贩卖儿童等严重破坏社会稳定的经济活动。我们必须同时吸取比特币系统的优点和缺陷，警惕区块链技术应用不当引发的种种后果。个人隐私越来越珍贵，信息时代的隐私泄露危害越来越严重，区块链技术在征信领域的应用必须十分谨慎，优先考虑个人信息问题。目前区块链技术处在初期发展阶段，区块链征信还有待社会各界相互合作，深入研究，共同建设。

参 考 文 献

［1］AGOSTION CAPPONI. Credit risk modeling with misreporting and incomplete information［J］. International Journal of Theoretical & Applied Finance, 2009, 12(1): 83-112.

［2］AKERLOF G A, YELLEN J L. Efficiency wage models of the labor-market［M］. Cambridge University Press, 1986.

［3］AKERLOF G A. The Market for "Lemons" ［J］. Journal of Economics, 1970, 7(16): 1372.

［4］ANDREW POWELL, NATALIYA MYLENKO, MARGARET MILLER, et al. Improving credit information, bank regulation and supervision: on the role and design of public credit registries［J］. World Bank Policy Research Working Paper, 2004(5): 3443.

［5］BECK T, DEMIRGUCKUNT A, HONOHAN P. Access to Financial Services: Measurement, Impact, and Policies［J］. World Bank Research Observer, 2009, 24(1): 119-145.

［6］BERGER M. Giving women credit: The strengths and limitations of credit as a tool for alleviating poverty［J］. World Development, 1989, 17(7): 1017-1032.

［7］BESLEY T, LOURY G. The economics of rotating savings and credit associations［J］. American Economic Review, 1990, 83(4): 792-810.

［8］BESTER H. Screening vs. Rationing in Credit Markets with Imper-fect Information［J］. American Economic Review, 1985, 75(4): 850-855.

［9］BOFONDI M, GOBBI G. Informational Barriers to Entry into Credit Markets［J］. Ssrn Electronic Journal, 2003, 10(1): 39-67.

［10］BROECKER T. Credit-Worthiness Tests and Interbank Competition［J］. Econometrica, 1990, 58(2): 429-452.

［11］BROWN M, JAPPELLI T, PAGANO M. Information sharing and credit: Firm-level evidence from transition countries［J］. Journal of Financial Intermediation, 2009, 18(2): 151-172.

［12］BROWN M, ZEHNDER C. Credit Reporting, Relationship Banking, and Loan Repayment［J］. Journal of Money Credit & Banking, 2007, 39(8): 1883-1918.

［13］BROWN M, ZEHNDER C. The emergence of information sharing in credit markets［J］. Journal of Financial Intermediation, 2010, 19(2): 255-278.

［14］CARROLL C D, FUHRER J C, WILCOX D W. Does consumer sentiment forecast household spending? If so, why? ［J］. The American Economic Review, 1994, 84(5): 1397-1408.

［15］CHANDLER G G, JOHNSON R W. The benefit to consumers from generic scoring models based on credit reports［J］. Ima Journal of Management Mathematics, 1992(1).

［16］DUFFIE D, MALAMUD S, MANSO G. The relative contributions of private information sharing and public information releases to information aggregation［J］. Journal of Economic Theory, 2010, 145(4): 1574-1601.

［17］ESTRELLA.Credit Ratings and Complementary Sources of Credit Quality Information［R］. Basel Committee On Banking Supervision Working Papers, 2000(3).

［18］FALKENHEIM M, POWELL A. The Use of Credit Bureau Information in the Estimation of Appropriate Capital and Provisioning Requirements［J］. Central Bank of Argentina, 1999.

[19]FISHMAN A. Financial intermediaries as facilitators of information exchange between lenders and reputation formation by borrowers[J]. International Review of Economics & Finance, 2009, 18(2): 301-305.

[20]FOSU S. Credit information, consolidation and credit market performance: Bank-level evidence from developing countries[J]. International Review of Financial Analysis, 2014, 32(3): 23-36.

[21]GALINDO A, MILLER M. Can Credit Registries Reduce Credit Constraints? Empirical Evidence on the Role of Credit Registries in Firm Investment Decisions [C]. Annual Meetings of the Inter-American Development Bank, 2001.

[22]GUIBIN Z, RUSSELL S. An Emerging Credit-Reporting System in China [J]. Chinese Economy, 2009, 42(5): 40-57.

[23]HOUSTON J F, LIN C, LIN P, et al. Creditor rights, information sharing, and bank risk taking [J]. Journal of Financial Economics, 2010, 96(3): 485-512.

[24]IVASHINA V. Asymmetric information effects on loan spreads [J]. Journal of Financial Economics, 2009, 92(2): 300-319.

[25]JAPPELLI T, PAGANO M. Information sharing, lending and defaults: Cross-country evidence[J]. Csef Working Papers, 2002, 26(10): 2017-2045.

[26]KALLBERG J G, UDELL G F. The value of private sector business credit information sharing: The UScase [J]. Journal of Banking & Finance, 2003, 27(3): 449-469.

[27]KALLBERG J G, UDELL G F. The Value of Private Sector Credit Information Sharing[J]. Journal of Banking & Finance, 2003, 27(3): 449-469.

[28]KARAPETYAN A, STACESCU B. Information Sharing and Information Acquisition in Credit Markets[J]. Neuroreport, 2009, 18(4): 1583-1615.

[29]LUDVIGSON S C. Consumer confidence and consumer spending[J]. The Journal of Economic Perspectives, 2004, 18(2): 29-50.

[30]MALUEG D A, TSUTSUI S O. Distributional assumptions in the theory of oligopoly information exchange 1 [J]. International Journal of Industrial Organization, 1998, 16(6): 785-797.

[31]MARTINELLI C. Small firms, borrowing constraints, and reputation [J]. Journal of Economic Behavior & Organization, 1997, 33(1): 91-105.

[32]MILLER M J. Credit Reporting Systems and the International Economy [J]. Defusing Default Incentives & Institutions, 2003(1).

[33]MONTREUIL B, LEFRANCOIS P, SOUMIS F. Networked manufacturing: the impact of information sharing[J]. International Journal of Production Economics, 1999, 58(1): 63-79.

[34]PADILLA A J, PAGANO M.Endogenous communication among lenders and entrepreneurial incentives[J]. The review of financial studies, 1997, 10(1): 205-236.

[35]PILKINGTON M.Blockchain Technology: Principles and Applications [J]. Social Science Electronic Publishing, 2016(4).

[36]POSNER R A. The economics of privacy[J]. The American economic review, 1981, 71(2): 405-409.

[37]PRIYADARSHEE A 1. Financial Inclusion and Social Protection: A Case for India Post[J]. Competition & Change, 2010, 14(3-4): 324-342.

[38]STIGLER G J. An introduction to privacy in economics andpolitics[J]. The Journal of Legal Studies, 1980, 9(4): 623-644.

[39]STIGLITZ J E, WEISS A. Asymmetric information in credit markets and its implications for macro-economics[J]. Oxford Economic Papers, 1992, 44(4): 694-724.

[40]STIGLITZ J E, WEISS A. Credit Rationing in Markets with Imperfect

Information[J]. American Economic Review, 1981, 71(3): 393-410.

[41]STIGLITZ J E, WEISS A. Information in credit markets and its implica-
tions for macro-economics[J]. Oxford Economic Papers, 1992, 44(4):
694-724.

[42]安建. 征信业管理条例释义[M]. 北京: 中国民主法制出版
社, 2013.

[43]白澄宇. 普惠金融体系下的扶贫小额信贷微型金融与农村扶贫开
发[M]. 北京: 中国财政经济出版社, 2009.

[44]白钦先, 李士涛. 基于普惠金融导向的征信体系发展研究[J]. 金融
理论与实践, 2016(10): 1-4.

[45]蔡彤, 唐录天, 郭亮. 以小额信贷为载体发展普惠金融的实践与思
考[J]. 甘肃金融, 2010(10): 22-24.

[46]曹凤岐. 建立多层次农村普惠金融体系[J]. 农村金融研究, 2010
(10): 64-67.

[47]陈芊汝. 区块链与大数据技术的结合对互联网征信发展的启示[J].
甘肃金融, 2016(11): 53-55.

[48]程华, 杨云志. 区块链发展趋势与商业银行应对策略研究[J]. 金融
监管研究, 2016(6): 73-91.

[49]楚尔鸣. 我国农村合作金融发展模式研究[J]. 宏观经济研究, 2001
(3): 32-35.

[50]戴宏伟, 随志宽. 中国普惠金融体系的构建与最新进展[J]. 理论
导刊, 2014(5): 48-53.

[51]邓舒仁. 关于互联网征信发展与监管的思考[J]. 征信, 2015(1):
14-17.

[52]董晓林, 徐虹. 我国农村金融排斥影响因素的实证分析——基于县
域金融机构网点分布的视角[J]. 金融研究, 2012(9): 115-126.

[53]杜晓山. 小额信贷的发展与普惠性金融体系框架[J]. 中国农村经
济, 2006(8): 70-73.

[54]杜晓山. 小额信贷与普惠金融体系[J]. 中国金融, 2010(10):

14-15.

[55] 方博文. 个人征信对发展消费信贷贡献度研究——基于中部六省的分析[J]. 金融经济, 2009(16): 43-44.

[56] 高霞, 王然. 中国信用规模与经济增长关系的实证研究——基于1986~2004年的协整分析[J]. 金融理论与实践, 2007(4): 46-48.

[57] 个人信息保护课题组. 个人信息保护国际比较研究[M]. 北京: 中国金融出版社, 2017.

[58] 耿得科, 张旭昆. 征信系统对银行不良贷款率的抑制作用——基于2004~2008年92个国家面板数据的分析[J]. 上海经济研究, 2011(7): 35-44.

[59] 耿得科. 征信体制建设及其对金融的影响[D]. 浙江大学, 2012.

[60] 龚鸣. 从证券的角度开始讲, 区块链为什么能成为一种颠覆性的技术[J]. 新经济, 2016(19): 84-86.

[61] 郭田勇, 丁潇. 普惠金融的国际比较研究——基于银行服务的视角[J]. 国际金融研究, 2015(2): 55-64.

[62] 郭熙保, 徐淑芳. 全球征信体系的制度安排及其影响因素[J]. 学术研究, 2005(11): 31-37.

[63] 郭兴平. 基于电子化金融服务创新的普惠型农村金融体系重构研究[J]. 财贸经济, 2010(3): 13-19.

[64] 郭永珍. 区块链对互联网金融发展的重塑与挑战分析[J]. 商业经济研究, 2017(2): 169-171.

[65] 何广文. 建立普惠金融体系应搞活小额信贷[N]. 中国经济时报, 2010-01-12.

[66] 胡国晖, 雷颖慧. 基于商业银行作用及运作模式的普惠金融体系构建[J]. 商业研究, 2012(1): 91-95.

[67] 黄志华. 发展小额信贷构建普惠金融体系的研究[D]. 福建农林大学, 2012.

[68] 姜旭朝, 杨杨. 合作金融的制度视角[J]. 山东大学学报: 哲学社会科学版, 2004(1): 75-80.

[69]姜玉英. 日本征信系统的发展对我国的启示[J]. 金融会计，2006
(6)：13-15.

[70]蒋海. 不对称信息、不完全契约与中国的信用制度建设[J]. 财经研
究，2002(2)：26-29.

[71]焦瑾璞，陈瑾. 建设中国普惠金融体系[M]. 北京：中国金融出版
社，2009.

[72]焦瑾璞. 构建普惠金融体系的重要性[J]. 中国金融，2010(10)：
12-13.

[73]孔德超. 大数据征信初探——基于个人征信视角[J]. 现代管理科
学，2016(4)：39-41.

[74]李礼辉. 关于研发和试行数字票据的建议[J]. 金融电子化，2016
(6)：7-10.

[75]李明贤，叶慧敏. 普惠金融与小额信贷的比较研究[J]. 农业经济
问题，2012(9)

[76]李扬. 关于互联网金融的若干问题[R]. 中国互联网金融创新与风
险管理高峰论坛：长沙，2016.

[77]李颖. 我国个人信用征信体系研究[D]. 同济大学，2005.

[78]李政道，任晓聪. 区块链对互联网金融的影响探析及未来展望[J].
技术经济与管理研究，2016(10)：75-78.

[79]李子彬，刘迎秋. 中国中小企业 2015 蓝皮书——混合所有制：中
小企业发展的机遇与选择[M]. 北京：中国发展出版社，2015.

[80]廖旭. 普惠金融征信体系建设路径研究[J]. 征信，2015(3)：
28-30.

[81]刘财林. 区块链技术在我国社会信用体系建设中的应用研究[J]. 征
信，2017，35(8)：28-32.

[82]刘瑛娜，陶富强，操乐凤，等. 征信推动普惠金融发展的实践与思
考——以安徽省为例[J]. 征信，2014(10)：15-19.

[83]陆磊，丁俊峰. 中国农村合作金融转型的理论分析[J]. 金融研究，
2006(6)：1-14.

[84]梅兰妮·斯万. 区块链：新经济蓝图及导读[M]. 龚鸣，等，译. 北京：新星出版社，2016.

[85]聂二保，陈绍真，苗新科. 基于"区块链+"的互联网金融大数据双通道征信技术研究[J]. 征信，2017，35(6)：39-41.

[86]秦池江. 论票据融资的经济功能与市场地位[J]. 金融研究，2002(1)：93-100.

[87]任春伟，孟庆江. 区块链与证券清算结算[J]. 中国金融，2017(5)：61-62.

[88]时明生. 区块链技术在征信业的应用探析[J]. 征信，2018(1).

[89]宋彦峰. 新型农村合作金融组织发展的制度研究[J]. 南方金融，2010(3)：57-59.

[90]孙国茂. 区块链技术的本质特征及在证券业的应用[N]. 上海证券报，2017-02-08(008).

[91]王婧，胡国晖. 中国普惠金融的发展评价及影响因素分析[J]. 金融论坛，2013(6)：31-36.

[92]王俊生，何清素，聂二保，等. 基于区块链的修正 KMV 模型在互联网金融征信中的应用——以弱信用群体为例[J]. 征信，2017，35(9)：35-39.

[93]王强，卿苏德，巴洁如. 区块链在征信业应用的探讨[J]. 电信网技术，2017(6)：37-41.

[94]王琼，冯宗宪. 个人信用制度的中外比较及启示[J]. 商业经济与管理，2006(2)：66-70.

[95]王曙光，郭欣. 农村合作金融制度变迁的调研分析[J]. 财经科学，2006(6)：89-94.

[96]王曙光，王东宾. 双重二元金融结构、农户信贷需求与农村金融改革——基于 11 省 14 县市的田野调查[J]. 财贸经济，2011(5)：38-44.

[97]王硕. 区块链技术在金融领域的研究现状及创新趋势分析[J]. 上海金融，2016(2)：26-29.

[98]王伟，田杰，李鹏. 我国金融排除度的空间差异及影响因素分析[J]. 西南金融，2011(3)：13-17.

[99]吴晓灵. 构建普惠金融体系，促进社会和谐发展[N]. 金融时报，2010-08-03.

[100]伍旭川. 区块链技术在金融领域的应用及趋势[J]. 清华金融评论，2017(1)：93-96.

[101]武锐，胡金焱. 小额贷款公司促进小微企业发展了吗？——基于山东省数据的研究[J]. 山东社会科学，2015(3).

[102]夏园园. 普惠金融视角下小额信贷机制发展研究[J]. 湖北社会科学，2010(9)：88-91.

[103]鲜京宸."区块链+互联网金融"的发展与前景展望[J]. 财会月刊，2017(14)：79-83.

[104]邢乐成，羿建华. 中国普惠金融体系构建与运行要点[J]. 东岳论丛，2015，36(8)：147-156.

[105]徐忠，姚前. 数字票据交易平台初步方案[J]. 中国金融，2016(17)：31-33.

[106]阎庆民，向恒. 农村合作金融产权制度改革研究[J]. 金融研究，2001(7)：67-75.

[107]晏海运. 中国普惠金融发展研究[D]. 中共中央党校，2013.

[108]杨团. 新型农村合作金融：特征及体系——浅议山东省新型农村合作金融试点[J]. 银行家，2015(8).

[109]尹丽，罗威. 互联网金融征信发展的模式选择——基于普惠金融视角[J]. 会计之友，2016(13)：99-102.

[110]尹振涛. 互联网征信元年纪[J]. 银行家，2016(1)：88-89.

[111]袁勇，王飞跃. 区块链技术发展现状与展望[J]. 自动化学报，2016(4)：481-494.

[112]张茉楠. 数据开放共享是大数据竞争战略核心[N]. 上海证券报，2015-10-29(008).

［113］张荣. 区块链金融：结构分析与前景展望［J］. 南方金融，2017（2）：57-63.

［114］张世春. 小额信贷目标偏离解构：粤赣两省证据［J］. 改革，2010（9）：63-68.

［115］张偲. 区块链技术原理、应用及建议［J］. 软件，2016（11）：51-54.

［116］张翔. 民间金融合约的信息机制：来自改革后温台地区民间金融市场的证据［M］. 北京：社会科学文献出版社，2016.

［117］张亚枝. 普惠金融视角下村镇银行信贷运行机制研究［D］. 山东大学，2014.

［118］张忠滨，刘岩松. 区块链技术在征信业的应用实践及展望［J］. 征信，2017，35（7）：47-49.

［119］长铗，韩峰. 区块链从数字货币到信用社会［M］. 北京：中信出版社，2016.

［120］中国人民银行代表团. 论合作金融的混合治理结构——从法国农业信贷银行的制度变迁看中国农村信用社体制改革［J］. 金融研究，2002（7）：1-9.

［121］周永林. 区块链金融：若隐若现的新金融蓝图［J］. 金融电子化，2016（1）：27-29.